PRENTICE HALL WRITING AND GRAMMAR

Spanish Speakers' Handbook

Grade Twelve

Boston, Massachusetts,
Upper Saddle River, New Jersey

ISBN 0-13-361515-4

1 2 3 4 5 6 7 8 9 10   10 09 08 07 06

Contenido

Parte 3: Destrezas académicas y para el trabajo

INTRODUCTION

The *Spanish-Speakers' Handbook* is a companion to the Prentice Hall *Writing and Grammar: Communication in Action* student edition and parallels each grade level textbook. It was designed with these objectives in mind:

- Assist the students' comprehension of the explanations, annotations, directions, and examples in the English language textbook
- Provide additional practice in writing and grammar

These goals are achieved through Spanish summaries and translations that give step-by-step support for every chapter in each of the three sections of the textbook: **Writing, Grammar,** and **Academic and Workplace Skills**.

The *Spanish-Speakers' Handbook* includes the following:

◆ Spanish Translations

- Key concepts for quick comprehension
- Grammar explanations
- English directions and examples

◆ Additional Explanations

- Contrasting Spanish and English spelling, punctuation, and capitalization rules to highlight the differences in usage
- Additional notes that clarify concepts and compare or contrast difficult grammar points for Spanish-speaking English learners

◆ Additional Practice and Applications

- A variety of exercises and activities, both in Spanish and in English, which provide additional practice

In short, the Handbook is intended to help Spanish-speaking students that are learning English to acquire essential writing, grammar and work-related skills.

CAPÍTULO 1

El escritor en ti

◆ La escritura en la vida diaria

La escritura es parte integral de tu rutina diaria, desde anotar un mensaje telefónico hasta escribir un ensayo de investigación para la escuela.

◆ ¿Por qué escribes?

La escritura es una destreza que vas a usar a lo largo de tu vida, tanto en tu trabajo como en tu vida social. Además de ayudarte a tener éxito en tus proyectos, la escritura te permite comunicar a otros tus sentimientos y observaciones.

◆ ¿Qué necesitas para escribir bien?

Toda buena escritura necesita los siguientes elementos:

- **Ideas** Los escritos más interesantes comienzan con una buena idea: una perspectiva o punto de vista poco usual. Piensa en los temas que te interesan y que podrían interesar a otros, elige uno y preséntalo de una manera original.
- **Organización** Una vez que tengas una idea interesante es esencial que la presentes de una manera lógica y organizada. Elige el tipo de organización más apropiado para tu tema.
- **Voz personal** Todas las cualidades que hacen que tus escritos sean diferentes a todos los demás constituyen tu voz personal, o sea las palabras que usas, los temas que eliges y la forma en que presentas estos temas.
- **Selección de palabras** Elegir bien las palabras puede determinar que tus lectores te entiendan o no. Selecciona las palabras cuidadosamente para que transmitan exactamente lo que quieres decir y los sentimientos que quieres despertar en el lector.
- **Oraciones fluidas** Usa transiciones y oraciones con distinta estructura y extensión para que tu trabajo tenga ritmo y fluidez.
- **Usos convencionales** Asegúrate de seguir las reglas de puntuación, gramática y ortografía del inglés.

◆ Tu desarrollo como escritor

Tú vas a comunicarte por escrito durante toda tu vida. Las siguientes sugerencias pueden serte útiles.

Anota tus ideas

Una idea sólo te servirá si la puedes recordar. ¡Anótala!

Cuaderno del escritor Necesitas aprovechar los momentos de inspiración. Lleva siempre contigo un cuaderno donde anotar ideas, temas para investigar o conversaciones que escuches o tengas. Luego incorpora estas notas en tus trabajos.

Archivo de recortes Comienza un archivo de recortes de periódicos, revistas o páginas web. Repasa tus recortes periódicamente en busca de ideas.

Diario de estilo Lleva un diario de estilo en el que puedas experimentar con diferentes tipos de escritura, desde poesía hasta informes científicos.

Haz registro de escritos y lecturas

Carpeta La mejor manera de evaluar tu progreso como escritor es hacer una carpeta: un lugar donde puedas guardar tus trabajos terminados, junto con sus borradores preliminares. Tu carpeta debe incluir ejemplos de muchos tipos de escritura diferente. Periódicamente, repasa tus viejos trabajos para observar tu progreso.

Diario del lector Leer el trabajo de otros autores puede inspirarte. Llevar un diario del lector te puede ayudar a recordar lo leído y tus observaciones sobre personajes y temas.

Prueba varios métodos

Éstos son algunos métodos que te pueden ayudar a desarrollar tu propio estilo.

Antes de escribir Éste es todo el trabajo que haces antes de comenzar a escribir, desde generar ideas y recopilar información hasta asegurarte que tienes papel y lápices.

Haz un borrador Algunos escritores prefieren verter todas sus ideas en papel y luego revisar el trabajo. Otros prefieren revisar a medida que escriben.

Mejora tu trabajo Revisar tu trabajo es tal vez la parte más importante del proceso de escritura. Hay varias maneras de hacerlo, pero sería mejor hacer tu revisión por etapas, concentrándote en un elemento por vez.

Sé flexible Cualquiera sea la forma en que encares cada etapa del proceso de escritura, recuerda que debes ser flexible. Por ejemplo, si al empezar a escribir descubres que no tienes suficiente información sobre un tema, vuelve atrás e investígalo más.

Planifica dónde y cuándo escribir

Para escribir no sólo debes tener ideas sino también un lugar y un horario que te permitan ser más productivo.

Elige un lugar apropiado Trata de escribir en diferentes lugares, para ver en cuál te sientes más cómodo. Debe ser un lugar donde tengas todos los materiales de trabajo, con buena iluminación y donde no te interrumpan.

Sigue un horario Para completar un proyecto a largo plazo, necesitas seguir un horario que incluya todas las etapas del proyecto con las fechas en las que debes terminar cada una. Estima cuánto tiempo te llevará cada etapa y fija las fechas para comenzarlas y terminarlas. Recuerda incluir tiempo para reuniones si vas a trabajar con otras personas.

◆ Trabaja con otros

Trabajar con otras personas te puede ayudar a generar temas o a hallar nuevas estrategias de trabajo.

Generación de ideas en grupo En una conversación, debes compartir todas las ideas que te vengan a la mente, sin evaluarlas. Deja que una idea te lleve a otra. Toma nota de lo que se dice durante la conversación.

Escritura en colaboración En este caso trabajas con un grupo para completar un trabajo escrito. Cada grupo desarrolla su propia dinámica, algunos dividen el trabajo entre sus miembros, otros comparten todas las tareas.

Revisión por compañeros Aun si trabajas solo, escuchar los comentarios de un compañero sobre tu trabajo te puede ayudar a mejorarlo.

◆ Publica

Hay pocas experiencias que den tanta satisfacción como compartir tus escritos con otros. Puedes tratar de publicar tus trabajos en el periódico escolar, revistas y concursos literarios, periódicos locales, grupos del consumidor, páginas web y tableros de noticias.

◆ Reflexiona sobre lo que escribiste

Contestar las siguientes preguntas te puede ayudar a mejorar como escritor.

- ¿Cuál de tus proyectos de escritura te hace sentir más orgulloso? ¿Por qué?
- ¿Cuáles son los escritores que más admiras? ¿Por qué?
- ¿Qué consejos darías a alguien que quiere comenzar a escribir?

CAPÍTULO 2

El proceso de escritura

Conocer el proceso de escritura, desde antes de escribir hasta publicar y presentar, te ayudará a escribir mejor.

◆ Tipos de escritura

Los tipos de escritura se agrupan en **modos**, según su forma. Cada modo tiene características únicas y también características comunes a todos los trabajos escritos. Los diferentes modos de escritura son: narración, descripción, persuasión, exposición, respuesta a la literatura, poesía y obras de teatro, escritura para evaluación y escritura en el trabajo.

La escritura también puede tomar dos formas. La **escritura reflexiva** es la que viene de ti y es para ti. En este tipo de escritura tú eliges el tema y decides si quieres compartir con otros tu trabajo. Como esta escritura es personal, tienes mucha más libertad para explorar diferentes temas y estilos. En la **escritura extensa**, el tema es generado por otras personas y tu trabajo será leído por alguien. Como esta escritura tiene un público, debes prestar más atención a las reglas del idioma.

◆ El proceso de escritura

Éstos son los pasos del proceso de escritura:

- **Antes de escribir** Exploras y eliges temas y comienzas a recopilar y organizar la información.
- **Hacer un borrador** Viertes tus ideas en papel, siguiendo un formato general.
- **Revisar** Corriges los errores más importantes y mejoras la forma y el contenido de tu trabajo.
- **Corregir** Continúas corrigiendo errores y pules más tu trabajo.
- **Publicar y presentar** Compartes tu trabajo con un público.

Si bien estos pasos parecen seguir una secuencia, los autores pueden pasar de un paso a otro en cualquier momento del proceso.

2.1 ¿Qué haces antes de escribir?

◆ Elige un tema

Antes de escribir una gran novela, responder a un trabajo literario o tratar de persuadir a alguien de algo, debes tener un tema. Usa la siguiente actividad para hacer esto.

> ✍ **Actividad: Genera ideas en grupo** Con un grupo de compañeros, menciona todos los temas que se te ocurran. No evalúes los temas para ver si son buenos o no, simplemente nómbralos. Todos los miembros del grupo deben hacer lo mismo y mencionar las ideas que los temas les sugieran. Toma nota de todo lo que se dice. Luego, revisa tus notas y elige un tema para tu trabajo.

◆ Limita tu tema

Un tema puede ser demasiado amplio para tratarlo efectivamente dentro de los límites
de un ensayo. Por ejemplo, para el tema de comidas podrías escribir todo un libro. Si
limitas tu tema a la comida que sirven en tu escuela, podrás presentar todas tus ideas de
forma clara y organizada.

✍ **Actividad: Usa una estrella** Para analizar tu tema como si fuera una obra de teatro
puedes usar una estrella. En cada punto de la estrella escribe un aspecto del tema.
En tu libro de inglés aparece un ejemplo.

◆ Tu público y tu propósito

Para que tu trabajo sea efectivo, piensa en tu público (tus lectores). Luego, concéntrate en
tu propósito (la razón por la que escribes).

Conoce a tu público El nivel de conocimientos y los intereses de tu público afectarán
su capacidad para entender y responder a tu trabajo. Cada vez que escribas algo, piensa
en qué sabe tu público, qué información general necesita para entender las ideas
principales y qué detalles le interesarán o influirán en él. Esto te ayudará a escribir
para un público específico.

Conoce tu propósito La razón por la que escribes determinará la información que
incluyas en tu trabajo. Si escribes sobre una experiencia personal, compartirás algo que
esa experiencia te enseñó; si escribes para persuadir, darás razones y detalles que apoyen
tu opinión; si escribes un informe de investigación, darás datos científicos.

◆ Recopila información

Debes recopilar toda la información que necesites antes de comenzar a escribir. Reúne
todos los detalles, datos y ejemplos que necesites para apoyar tu punto principal.

✍ **Actividad: Usa un hexágono** Para analizar tu tema desde seis perspectivas
diferentes, puedes usar la estrategia del hexágono. En tu libro en inglés aparece
un ejemplo.

2.2 ¿Qué es hacer un borrador?

◆ Da forma a tu escrito

Elige una forma Cada tipo de escritura tiene características determinadas. Por ejemplo,
un ensayo persuasivo da detalles para convencer; un ensayo explicativo elabora para
explicar un proceso o una serie de pasos; la narración cuenta una historia.

Interesa a los lectores con un comienzo atractivo Las primeras oraciones de tu trabajo
te dan la oportunidad de atraer la atención de tus lectores y hacer que sigan leyendo.
Considera usar una cita, un dato interesante o una descripción que los intrigue y luego
hacer una transición a tu tema.

◆ Elabora

Elaborar tus ideas ayudará a que tu trabajo esté bien escrito. Puedes usar el método SEE
(del inglés, *Statement, Extensión, Elaboration*).

✍ **Actividad: Usa el método SEE** Comienza con una oración que enuncie tu idea
principal. Luego, amplía la primera oración, volviéndola a enunciar o explicándola
con otras palabras. Elabora todavía más tu idea principal ofreciendo más detalles e
información sobre ella.

2.3 ¿Qué es revisar?

La revision sistemática implica el uso del **raciocinio**. Esta palabra se refiere a la habilidad de pensar lógicamente. Cuando se usa en referencia con la escritura, te servirá para revisar la estructura, los párrafos, las oraciones y las palabras que has usado en tu trabajo.

◆ Revisa la estructura general

✍ **Actividad: Colorea para comparar tu borrador con tu propósito** Para asegurarte de que tu borrador logra el efecto deseado, escribe tu propósito en un trozo de papel adhesivo y pégalo al margen de tu borrador. Luego, lee el borrador y colorea las oraciones, palabras o frases que concuerdan con tu propósito. Si no puedes encontrar al menos una oración por párrafo que concuerde con él, considera añadir o revisar algunas oraciones para dar detalles que respalden tu propósito.

◆ Revisa los párrafos

Los párrafos temáticos que presentan información no deben dar datos contradictorios. Para verificar la uniformidad de tu escrito, elimina este tipo de información.

✍ **Actividad: Encierra en un círculo la información contradictoria** Identifica la idea principal de cada párrafo temático de tu borrador. Lee cada párrafo y confirma que cada oración apoya la idea principal. Si notas palabras o frases contradictorias, enciérralas en un círculo. Luego, considera eliminar esos elementos o volverlos a escribir para que respalden mejor tu idea principal.

◆ Revisa las oraciones

Da más fuerza a tu trabajo, evalúa el patrón que siguen tus oraciones.

✍ **Actividad: Identifica los comienzos de oraciones** Lee tu borrador y si notas que varias de tus oraciones comienzan de la misma manera, por ejemplo con las palabras *I* o *The*, considera insertar frases o cláusulas para romper este patrón repetitivo.

◆ Revisa las palabras usadas

Mientras revisas tu borrador, comprueba que las palabras que usaste comunican exactamente lo que tú querías decir. Trata de evitar las palabras muy generales y usa en cambio palabras precisas y descriptivas.

◆ Revisión por compañeros

Cuando hayas completado tu borrador, antes de revisarlo por última vez, pide a tus compañeros que te ofrezcan sus comentarios y sugerencias para mejorarlo. Para ayudarlos en esta tarea, puedes hacerles preguntas específicas como: ¿Qué tipo de persona creen que es el personaje principal? ¿Cuál creen que es mi razón más convincente? ¿Qué punto fue el menos interesante?

2.4 ¿Qué es corregir?

Una vez que hayas revisado el contenido de tu borrador, debes revisarlo para corregir errores ortográficos, gramaticales y de puntuación.

◆ Concéntrate en leer

Éstas son las categorías en las que debes concentrarte al leer y corregir tus trabajos.

Examina la ortografía Estudia cada palabra de tu borrador y asegúrate de que la hayas escrito correctamente. Comprueba la ortografía de los nombres de personas y de lugares.

Sigue las reglas de gramática y de puntuación En todos tus escritos debes seguir las reglas de gramática y de puntuación del inglés. Por ejemplo, comprueba que usaste oraciones completas, que los sujetos y los verbos concuerdan y que usaste los signos de puntuación apropiados.

Comprueba la información Cuando incluyas datos o información obtenidos de diversas fuentes, asegúrate que esta información es precisa y fiable. Consulta enciclopedias, Internet u otras fuentes.

2.5 ¿Qué es publicar y presentar?

◆ Más adelante

Este panorama general del proceso de escritura sólo te da un vistazo rápido de las estrategias y técnicas que puedes usar en tus escritos. Cada lección te dará destrezas específicas para mejorar tu trabajo.

Crea una carpeta Guarda tus trabajos terminados en una carpeta y repásalos periódicamente para comprobar tu progreso como escritor. Además de tus trabajos completos, puedes guardar en la carpeta tus borradores y también dedicar una sección para trabajos en preparación, los comentarios de compañeros e ideas para trabajos futuros.

Reflexiona sobre lo que escribiste Además de aprender sobre los temas específicos sobre los que escribes, trata de aprender algo también sobre la forma en que escribes en cada trabajo. Las preguntas que aparecen al final de cada capítulo te ayudarán a hacerlo.

CAPÍTULO 3

Párrafos y composiciones
Estructura y estilo

◆ ¿Qué son los párrafos y las composiciones?

Un **párrafo** consiste en un grupo de oraciones que funcionan juntas para presentar información sobre un tema. Al leer, cada nuevo párrafo se indica dejando un espacio entre la primera palabra de la primera oración y el margen o dejando un espacio adicional entre un párrafo y el siguiente.

Una **composición** es un grupo de párrafos relacionados. Al igual que los párrafos, las composiciones deben ocuparse de un solo tema y todas sus oraciones deben funcionar juntas para presentar información sobre ese tema.

3.1 Párrafos bien escritos

◆ La idea principal y la oración temática

Muchos párrafos se construyen en torno a una **oración temática**, una sola oración que enuncia directamente la idea principal del párrafo. Algunos párrafos, sin embargo, tienen un **idea principal implícita**. Esto quiere decir que la idea principal no se expresa directamente. En cambio, las oraciones funcionan juntas para sugerirla y es el lector quien debe sacar conclusiones sobre la idea principal.

◆ Escribe una oración temática

Una buen oración temática comunica el tema del párrafo y debe transmitir el punto que el escritor quiere presentar sobre el tema. Para escribir una oración temática efectiva, analiza las ideas y los detalles que piensas incluir en un párrafo y construye una oración que resuma las características comunes de esas ideas y esos detalles.

◆ Escribe oraciones de apoyo

Las **oraciones de apoyo** son las que respaldan la oración temática de un párrafo. Puedes usar datos, estadísticas, ejemplos, ilustraciones o citas y detalles.

◆ Ubicación de la oración temática

Las oraciones temáticas generalmente aparecen al comienzo de un párrafo para atraer la atención de los lectores antes de que se presenten los detalles. Sin embargo, a veces pueden aparecer en el medio o al final de un párrafo. Cuando se colocan en el medio, pueden estar precedidas por enunciados de introducción. Cuando se colocan al final, generalmente resumen los detalles del párrafo o sacan una conclusión.

Patrones de párrafos La ubicación de la oración temática determina el patrón que sigue el párrafo. Un patrón común es el **TRI** (del inglés: *Topic Sentence, Restatement, Illustration*). Puedes variar el orden de estos elementos y formar patrones **TIR** o **ITR**.

3.2 Los párrafos en ensayos y otras composiciones

◆ Unidad y coherencia

Un párrafo tiene unidad cuando todas sus oraciones están relacionadas con la idea principal. Todas las oraciones deben explicar, apoyar o desarrollar la oración temática. Elimina todos los detalles que no contribuyen a la idea principal.

Para que una composición tenga unidad, todos sus párrafos deben desarrollar el enunciado de propósito. El **enunciado de propósito** consiste en una o dos oraciones que resumen la idea principal que estás tratando de comunicar.

Crea coherencia

En un párrafo o composición que tiene **coherencia**, las ideas de apoyo están conectadas lógicamente y el lector puede ver cómo una oración se relaciona con otra. Puedes seguir un **orden cronológico**, un **orden espacial**, un **orden de importancia** o hacer una **comparación y contraste**.

> En tu libro de texto en inglés aparece una tabla de palabras y frases de transición.

◆ Las partes de una composición

La mayoría de las composiciones tienen las siguientes características en común:

Introducción

La introducción generalmente consiste de un solo párrafo, si bien una composición larga puede tener dos o más. La introducción presenta los primeros comentarios sobre un tema, establece la actitud del autor hacia el tema, presenta el enunciado de propósito y da un panorama general de los subtemas.

Cuerpo del texto

El cuerpo del texto en una composición consiste de una serie de párrafos que apoyan, explican y elaboran el tema. El número de los párrafos en el cuerpo del texto depende de la complejidad del enunciado de propósito, la cantidad de subtemas y la cantidad de información de apoyo presentada.

Conclusión

La conclusión termina la composición y menciona nuevamente el punto principal de la misma.

◆ Tipos de párrafos

Párrafos temáticos

Los párrafos temáticos consisten de un grupo de oraciones que presentan una sola idea.

Párrafos funcionales

Los párrafos funcionales sirven un propósito específico dentro de una composición. Pueden no tener una oración temática, pero sí tienen unidad y coherencia.

Bloques de párrafos

A veces puedes tener demasiada información para presentar en un solo párrafo. Cuando ocurre esto puedes desarrollar la idea a lo largo de varios párrafos. Estos "bloques" de párrafos apoyan todos la misma idea principal u oración temática y la hacen más fácil de entender.

3.3 Estilo de escritura

El **estilo** de un escritor es la forma en que éste presenta sus ideas, el tipo de oraciones y de palabras que usa y la actitud que tiene hacia su tema.

Variedad de oraciones Puedes usar oraciones largas y complejas si quieres dar a tu trabajo un tono serio y académico. Si quieres escribir algo que todos puedan entender, usa oraciones cortas y más simples.

Dicción La dicción se refiere a las palabras que usas y es uno de los elementos que más se notan en todos los escritos.

Tono Tu actitud hacia un tema está expresado en el tono de tu trabajo. Puedes escribir de muchas maneras: con admiración, con respeto, hasta con desprecio.

◆ Inglés formal y coloquial

El inglés formal es apropiado para trabajos serios y académicos. El inglés coloquial para temas ligeros, cartas a amigos o cuando quieres lograr un tono conversacional.

- Cuando uses el inglés no uses contracciones, evita la jerga y sigue las reglas de la gramática inglesa.
- Cuando uses un inglés coloquial puedes usar contracciones y también modismos.

CAPÍTULO 4

Narración
Escritura autobiográfica

◆ La escritura autobiográfica en la vida diaria

Hay varios tipos de escritura autobiográfica, desde escribir una carta a un amigo hasta llenar una solicitud de ingreso a una universidad.

◆ ¿Qué es la escritura autobiográfica?

Las **autobiografías** son historias sobre nuestras vidas y experiencias. Al igual que otras formas de escritura, las autobiografías tienen:

- personajes, uno de los cuales es el autor,
- ambientación, basada en la vida real,
- sucesos que en conjunto constituyen el argumento,
- conflicto entre los personajes o entre los personajes y una fuerza ajena a ellos, y
- lo que el autor aprendió gracias a los sucesos narrados.

◆ Tipos de escritura autobiográfica

Los siguientes son algunos tipos de escritura autobiográfica:

- **Narraciones personales** Cuentan un historia real sobre una experiencia importante en la vida del autor.
- **Memorias** Son recuerdo escritos de personas.

4.1 *Conexión entre lectura y escritura*

Usa las estrategias de lectura y escritura de tu libro.

4.2 *Antes de escribir*

◆ Elige un tema

- **Haz una línea cronológica de tu vida**
- **Da un buen comienzo a las oraciones de tu escrito**

◆ Limita tu tema

Si el tema que elegiste es específico, tal vez no necesites limitarlo. Pero si es muy general, tendrás que limitarlo para poder presentarlo dentro de tu narración.

Tu público y tu propósito

Decide cuál será tu público (tus lectores) y cómo quieres que respondan a tu trabajo.

Elige los detalles de acuerdo a tu propósito

- **Informar:** Información que se puede verificar; detalles autobiográficos; ejemplos
- **Entretener:** Anécdotas divertidas; diálogo; personajes vívidos
- **Recrear:** Lenguaje descriptivo; detalles sensoriales

Recopilar detalles

Actividad: Autoentrevista Imagina que te entrevistas para averiguar detalles de tu vida. Puedes hacerte preguntas como: ¿Qué hace que esta experiencia/persona/evento sea especial para ti? ¿Qué palabra elegirías para describir a esta experiencia/persona/evento? ¿Cambiaste de alguna manera como consecuencia de esta experiencia/conocer a esta persona/vivir este evento?

Repasa tus respuestas y elige un tema para tu narración.

4.3 *Hacer un borrador*

Da forma a tu escrito

Considera las siguientes sugerencias para tu trabajo:

- **Comienza con un personaje**
- **Comienza con un diálogo**
- **Comienza con tu tema**

Elabora

Una buena manera de agregar detalles es usar diálogo.

4.4 *Revisar*

Acuérdate de revisar tus escritos siguiendo lo aprendido en el Capítulo 2.3:

- **Revisa la estructura general**
- **Revisa los párrafos**
- **Revisa las oraciones**
- **Revisa las palabras usadas**
- **Revisión por compañeros**

La gramática y tu escritura

Tiempos verbales

Los **tiempos** verbales son la forma en que los verbos muestran el momento en que ocurre algo. Hay seis tiempos principales:

Presente: Dice que una acción o condición ocurre ahora, en el presente.

Pasado: Dice que una acción o condición ocurrió en un momento pasado.

Futuro: Dice que una acción o condición todavía no ha ocurrido.

Presente perfecto: Dice de una acción o condición que ocurrió en un momento indefinido en el pasado o que comenzó en el pasado y se continúa en el presente.

Pasado perfecto: Dice que una acción o condición terminó antes de que empezara otra, también en el pasado.

Futuro perfecto: Dice que una acción o condición habrá terminado, antes de que comience otra, también en el futuro.

4.5 Corregir

Si quieres que tus lectores estén completamente absortos en tu narración, evita que los errores los distraigan. Corrige tus escritos cuidadosamente.

◆ Concéntrate en la ortografía

En las narraciones autobiográficas tienes que prestar atención a los nombres de tus personajes.

La gramática y tu escritura
Homófonos
Los **homófonos** son palabras que suenan igual pero tiene significados diferentes. Es muy fácil cometer errores de ortografía con los homófonos cuando escribes rápidamente.

4.6 Publicar y presentar

◆ Crea una carpeta

✍ **Actividad: Comparte con la gente que estuvo allí** Envía tu narración a las personas que tuvieron un papel en la historia que cuentas.

✍ **Actividad: Publica tu trabajo** Envía tu trabajo a una revista estudiantil para que sea publicado.

◆ Reflexiona sobre lo que escribiste

- ¿De qué manera afectó tu opinión o tus sentimientos a el tema de tu narración?
- ¿Qué parte del proceso de escritura te resultó más difícil? ¿Por qué?

CAPÍTULO 5

Narración
Cuento

◆ **Los cuentos en la vida diaria**

Los cuentos pueden emocionar, enseñar e inspirar a sus lectores. Algunos tienen sólo un personaje y un único argumento, otros pueden tener múltiples personajes y argumentos.

◆ **¿Qué es un cuento?**

Un **cuento** es un trabajo de ficción breve, con un argumento y una ambientación simples. El cuento generalmente tiene un narrador que cuenta la historia desde un punto de vista particular, personajes, un argumento y un ambiente.

◆ **Tipos de cuentos**

Hay cuentos de aventuras, cuentos de fantasía y cuentos de ciencia ficción.

5.1 *Conexión entre lectura y escritura*

Usa las estrategias de lectura y escritura de tu libro.

5.2 *Antes de escribir*

◆ **Elige un tema**

✐ **Actividad: Elige un tipo de cuento** Por ejemplo, puedes elegir un cuento de misterio, uno del Lejano Oeste o un cuento folclórico. Luego, escribe una o dos oraciones sobre el argumento y los personajes, y qué sucede al final.

✐ **Actividad: Usa la vida real** Algunos cuentos están basados en la vida real. Piensa en algún incidente real que haya tenido un impacto en ti y adáptalo en un cuento.

◆ **Limita tu tema**

Puedes usar la técnica CASPAR (del inglés *Character, Adjectives, Setting, Problem, Actions, Resolution*) para limitar tu tema. Esta técnica te ayuda a definir el personaje principal, a encontrar adjetivos para describirlo, decidir qué ambientación usar, definir el conflicto, relatar las acciones de los personajes y, por último, llegar a la resolución del cuento.

◆ Tu público y tu propósito

¿Cómo quieres que tu cuento afecte a tu público? Si quieres que ría, coloca a tus personajes en situaciones ridículas; si quieres que llore, muestra el sufrimiento de un personaje para que tu público también lo sienta; si quieres cambiar la forma de pensar de tu público, crea un personaje que aprende una lección importante de la vida.

◆ Recopila detalles

- **Graba tus ideas** Puedes hablar sobre los personajes de tu historia, usando como inspiración la vida real o tu imaginación.
- **Dibuja tus personajes y ambientación** A veces puedes cristalizar tus ideas sobre personajes y ambientes si los dibujas.

5.3 Hacer un borrador

◆ Da forma a tu escrito

La mayoría de los cuentos siguen un argumento tradicional que permite a los autores satisfacer a sus lectores. Puedes hacer un diagrama de argumento siguiendo el esquema que aparece en tu libro en inglés.

◆ Elabora

Usa la estructura **SEE** para elaborar tu cuento. Consulta tu libro en inglés.

5.4 Revisar

Acuérdate de revisar tus escritos siguiendo lo aprendido en el Capítulo 2.3:

- **Revisa la estructura general**
- **Revisa los párrafos**
- **Revisa las oraciones**
- **Revisa las palabras usadas**
- **Revisión por compañeros**

La gramática y tu escritura

Usa frases para crear una variedad de oraciones

Puedes comenzar las oraciones con frases, en vez de sujetos. Por ejemplo:

Frases adjetivas: Modifican a sustantivos o pronombres

Frases adverbiales: Modifican a un verbo, adjetivo u otro adverbio.

Frases con gerundio: El gerundio es una forma de verbo que funciona como un sustantivo. Un gerundio con modificadores o un complemento se llama frase con gerundio.

Frases con infinitivo: Un infinitivo es una forma de verbo que generalmente aparece junto con la palabra *to*. Funciona como un sustantivo, adjetivo o adverbio. Una frase con infinitivo es un infinitivo con modificadores, un complemento o un sujeto.

5.5 Corregir

◆ Concéntrate en la puntuación

Presta especial atención a la puntuación en tus diálogos.

5.6 Publicar y presentar

◆ Crea una carpeta

✍ **Actividad: Participa en un concurso literario** Muchas revistas para jóvenes tienen concursos literarios para cuentos cortos. Averigua las reglas, presenta tu trabajo y ¿quién sabe?

◆ Reflexiona sobre lo que escribiste

- ¿Aprendiste algo sobre ti mientras escribías el cuento?
- ¿Si un amigo estuviera escribiendo un cuento y te pidiera consejo, qué le dirías?

CAPÍTULO 6

Descripción

◆ La descripción en la vida diaria

Puedes usar la escritura descriptiva para informar sobre un experimento científico; explicar un acontecimiento histórico o comentar una pintura, un cuento o una película. Cuando seas mayor tendrás que describirte en las solicitudes de ingreso a universidades o en solicitudes de empleo.

◆ ¿Qué es la descripción?

La **descripción** es la escritura que se dirige a los sentidos. Una buena descripción te puede hacer sentir el olor de una fogata de campamento, oír grillos o "ver" la cara de un autor. Muchas descripciones tienen lenguaje descriptivo, dirigido a los sentidos; lenguaje figurativo, como hipérboles, metáforas, símiles y personificaciones; verbos descriptivos y sustantivos precisos; y una organización lógica.

◆ Tipos de descripción

Las **descripciones funcionales** incluyen detalles precisos que describen objetivamente características físicas de personas, lugares o cosas.

Los **bocetos de personajes** son descripciones detalladas de personajes ficticios. El autor revela la personalidad de un personaje a través de la descripción y el diálogo.

Las **observaciones** son relatos en primera persona de un suceso o una experiencia en la que el autor participó o que presenció.

6.1 Conexión entre lectura y escritura

Usa las estrategias de lectura y escritura de tu libro.

6.2 Antes de escribir

◆ Elige un tema

✍ **Actividad: Elige un punto de vista poco común** Haz una lista de personas, cosas o lugares familiares y luego trata de describirlos desde un punto de vista original.

✍ **Actividad: Escribe libremente** Comienza a escribir y no pares por cinco minutos. Luego, lee lo que has escrito y busca ideas que se repiten o que son interesantes. Elige un tema de entre ellas.

◆ Limita tu tema

✎ **Actividad: Dibuja para limitar el tema** Haz un dibujo de la persona, el lugar o la cosa que quieres describir como una ayuda para concentrarte en los detalles.

◆ Tu público y tu propósito

¿Qué quieres que tu público piense, sienta o entienda luego de leer tu descripción? Elige las palabras y detalles que interesen a tu público para limitar el tema y como ayuda para lograr tu propósito para escribir.

◆ Recopila detalles

Los detalles sensoriales dan más vida a las descripciones.

Usa los cinco sentidos

Cuando escribas tu descripción, trata de incluir detalles que evoquen sonidos, texturas, olores y sabores.

6.3 Hacer un borrador

◆ Da forma a tu escrito

Elige un punto de vista

Si escribes en primera persona, el relato es más directo. El punto de vista de tercera persona limitado le dará a tu trabajo un carácter menos personal. El punto de vista de tercera persona omnipresente permite que presentes a una persona o un suceso desde diferentes ángulos.

◆ Elabora

✎ **Actividad: Amplía el momento** Escribe una oración sobre tu tema. Identifica una palabra o idea dentro de la oración que puedas desarrollar más ampliamente y escribe una oración que lo haga. Identifica una palabra o idea en la nueva oración y escribe otra oración para desarrollarla. Continúa haciendo esto hasta terminar el párrafo.

6.4 Revisar

Acuérdate de revisar tus escritos siguiendo lo aprendido en el Capítulo 2.3:

- **Revisa la estructura general**
- **Revisa los párrafos**
- **Revisa las oraciones**
- **Revisa las palabras usadas**
- **Revisión por compañeros**

La gramática y tu escritura

Frases descriptivas

Las frases adjetivas son frases preposicionales que modifican a un sustantivo o pronombre. Las aposiciones y las frases con aposiciones vuelven a nombrar, identifican o explican a los sustantivos o pronombres que están cerca.

Una **aposición** es, literalmente, un sustantivo o pronombre que se coloca junto a otro sustantivo o pronombre para identificarlo, volverlo a nombrar o explicarlo. Una **frase con aposición** es un sustantivo o pronombre con modificadores, colocado junto a otro sustantivo o pronombre para añadir información y detalles. Los modificadores pueden ser adjetivos, frases adjetivadas u otros grupos de palabras.

6.5 *Corregir*

◆ Concéntrate en la puntuación

Mientras corriges, asegúrate que usaste las comas correctamente. Presta especial atención a las aposiciones y a las frases con aposiciones.

La gramática y tu escritura

Para la puntuación de aposiciones y frases con aposiciones, sigue estas reglas:

- Una **aposición esencial** es una que es necesario para que el sentido de una oración sea claro. No lleva comas.
- Una **aposición no esencial** o una **frase con aposiciones no esencial** son las que se pueden eliminar de una oración sin que cambie el sentido de la misma. Siempre deben estar separadas del resto de la oración con comas.

6.6 *Publicar y presentar*

◆ Crea una carpeta

🖎 **Actividad: Ilustra tu descripción** Incorpora a tu descripción dibujos, bocetos o fotografías. Coloca tu trabajo en una carpeta y colócala en la biblioteca de tu clase.

◆ Reflexiona sobre lo que escribiste

- ¿Qué estrategias para crear y limitar temas te pareció más útil? ¿Por qué?
- ¿Qué consejo le darías a alguien que va a escribir una descripción?

CAPÍTULO 7

Persuasión
Discurso persuasivo

◆ La persuasión en la vida diaria

Comunicarse persuasivamente es una herramienta poderosa que te será útil toda tu vida en todo tipo de situaciones.

◆ ¿Qué es un discurso persuasivo?

Un **discurso persuasivo** es una presentación oral que presenta una posición y trata de convencer a un público de que acepte esa posición o de que haga algo. Generalmente trata sobre una cuestión o un tema importante para el orador, expresa claramente la posición del orador y su objetivo, apoya la posición con datos, ejemplos y estadísticas claramente organizados y usa un lenguaje retórico o técnicas verbales para atraer y mantener el interés del público.

◆ Tipos de discursos persuasivos

Hay discursos electorales, anuncios de interés público y discursos de inspiración.

7.1 Conexión entre lectura y escritura

Usa las estrategias de lectura y escritura de tu libro.

7.2 Antes de escribir

◆ Elige un tema

✍ **Actividad: Halla un tema del momento** Cuando hay controversia sobre alguna noticia, generalmente se trata de cuestiones sociales o políticas. Lee los titulares de los periódicos para identificar un tema que te provoque una fuerte reacción.

✍ **Actividad: Escucha y responde** Haz una lista de los discursos que escuchas en un día o una semana. Puedes incluir avisos y anuncios de interés público. Elige un tema.

◆ Limita tu tema

Haz un esquema

Probablemente sepas usar esquemas para organizar tus escritos. También puedes usarlos para centrarte en un tema concreto. Escribe el tema general de tu discurso en el nivel superior del esquema. Divide este tema en subtemas, indicándolos con las letras A, B, C, etc. Luego subdivide cada subtema en otros subtemas, indicandolos con los números 1, 2, 3, etc. Repasa el esquema y elige uno de los subtemas para tu discurso.

◆ Tu público y tu propósito

Considera las necesidades del público

Imaginar que formas parte del público es una buena manera de asegurarte que recopilaste suficiente información sobre un tema. Haz una lista de las cosas que te gustaría escuchar en un discurso sobre ese tema.

Identifica un propósito específico

Necesitas saber exactamente qué quieres lograr con tu discurso. Haz una lista de propósitos generales y luego define tus propósitos en objetivos específicos.

◆ Recopila detalles

Investiga Consulta libros escritos por expertos en el tema y lee revistas y periódicos especializados. Visita sitios de Internet creados por organizaciones o individuos reconocidos. Determina cuáles son tus metas y las fechas específicas para completar tu trabajo y no te apartes de ellas. No pases por alto los datos que contradicen tu posición. Busca información adicional sobre ellos. Realiza entrevistas y encuestas sobre el tema.

7.3 Hacer un borrador

◆ Da forma a tu escrito

Cuando prepares tu borrador, ten presente que tu presentación será oral. Presta atención al sonido de las palabras.

Concéntrate en la razón de tu discurso

Recuerda que tu público está escuchando tu discurso y no leyéndolo. Comienza con una declaración precisa y enfática de tu posición. Luego, presenta los datos e ideas que apoyan tu posición. Concluye con una repetición de tu declaración original.

◆ Elabora

Puedes usar el método SEE para escribir tus párrafos.

7.4 Revisar

Acuérdate de revisar tus escritos siguiendo lo aprendido en el Capítulo 2.3:

- **Revisa la estructura general**
- **Revisa los párrafos**
- **Revisa las oraciones**
- **Revisa las palabras usadas**
- **Revisión por compañeros**

> **La gramática y tu escritura**
> Paralelismo
> Cada vez que haces una comparación o presentas una serie de ideas de igual importancia, exprésalas en estructuras gramaticales paralelas. Puedes lograr el paralelismo con palabras, con frases y con cláusulas. Evita el paralelismo falso, que se produce cuando ideas de la misma importancia no son expresadas en estructuras gramaticales iguales.

7.5 Corregir

Lee tu borrador, concentrándote en las palabras que tienen sonidos similares pero se escriben de forma distinta. Consulta un diccionario cuando tengas dudas de cómo se escribe cualquier palabra.

La gramática y tu escritura
Palabras que confunden
Los siguientes pares de palabras pueden causar confusión:
- *accept/except* *accept* significa "aceptar" y *except* significa "excepto".
- *affect/effect* *affect* es casi siempre un verbo; *effect* es un sustantivo.
- *than/then* *than* se usa en comparaciones; *then* es un adverbio.

7.6 Publicar y presentar

◆ Crea una carpeta

Actividad: Discurso Da tu discurso frente a la clase, o a otro público. Recuerda mirar al público mientras hablas y hacer gestos con las manos para enfatizar los puntos importantes. Habla despacio y claramente para que todos puedan entender lo que dices. Varía tu tono de voz a menudo. Si es posible, graba tu discurso para evaluarlo más tarde.

◆ Reflexiona sobre lo que escribiste

- ¿Qué nuevos aspectos de mi tema descubrí mientras recopilaba información?
- ¿Qué técnicas específicas aprendí para persuadir a un público?

CAPÍTULO 8

Persuasión
Anuncios publicitarios

◆ Los anuncios publicitarios en la vida diaria

Los anuncios publicitarios, o simplemente anuncios, son una forma de **escritura persuasiva** que intenta convencernos de que hagamos algo o aceptemos un punto de vista.

◆ ¿Qué es un anuncio publicitario?

Un **anuncio** trata de persuadir a un público de que compre un producto o un servicio, acepte una idea o apoye una causa o a un candidato. Tiene un comienzo que atrae la atención, como un eslogan "pegadizo" o un dato sorprendente; un cierre memorable; un texto persuasivo o informativo; y elementos visuales o sonoros que causan impacto.

◆ Tipos de anuncios publicitarios

Hay anuncios impresos, anuncios publicitarios de radio y televisión y anuncios en envases.

8.1 Conexión entre lectura y escritura

Usa las estrategias de lectura y escritura de tu libro.

8.2 Antes de escribir

◆ Elige un tema

En este caso tu tema es un producto, un servicio, una causa o una persona.

> ✍ **Actividad: Hacer listas** Escribe el título "Cosas que puedo hacer" y debajo escribe todas las cosas o los servicios que podrías hacer, por ejemplo, pasear perros. Luego, elige un servicio de la lista y escribe un anuncio para ese servicio.

◆ Limita tu tema

Si tu tema es muy general, deberás limitarlo a una marca específica.

◆ Tu público y tu propósito

Identifica tu público

Antes de recopilar detalles para tu anuncio, piensa en el público al que estás tratando de convencer. Contesta las siguientes preguntas como ayuda para crear un perfil del público.

- ¿Cuál es la edad promedio del público al que quiero llegar?
- ¿Está familiarizado con mi tema este público?
- ¿Cuál creo que va a ser la actitud de mi público hacia mi idea?
- ¿Cuál creo que es el objetivo principal en la vida para mi público?

Conoce los gustos de tu público
Una vez identificado tu público, piensa en el tipo de lenguaje y detalles que será más atractivo para él.

Identifica las preguntas del público
Trata de contestar en tu anuncio las preguntas que puede hacer tu público. Las siguientes son algunas posibles preguntas.

- ¿Cómo puedo estar seguro de que puedo confiar en este producto, servicio o en esta persona?
- ¿Lo recomiendan otras personas?
- ¿Qué más tengo que saber sobre esto?

◆ Recopila detalles
Necesitas saber tanto como puedas sobre tu producto y público.

> 🖎 **Actividad: Prepara y distribuye un cuestionario** Una manera de averiguar cuál es la opinión del público sobre tu producto es crear un cuestionario y distribuirlo entre posibles clientes. Usa las respuestas para hacer generalizaciones que te permitan dar una dirección a tu anuncio publicitario.

8.3 *Hacer un borrador*

◆ Da forma a tu escrito
Crea una estructura que te permita atraer inmediatamente el interés de tu público y enfatizar tu mensaje al terminar.

Desarrolla una idea principal
Una manera de desarrollar una idea principal es crear un eslogan que resuma la idea en pocas palabras. Un eslogan memorable tiene lo siguiente:

- **Juego de palabras** Rima, repetición y otros usos creativos de las palabras pueden hacer que un eslogan sea fácil de recordar.
- **Aliteración** Un método efectivo para lograr la atención del público es usar frases u oraciones que repiten un sonido.
- **Brevedad** Trata de crear un mensaje corto, simple, pero con un significado importante.

◆ Elabora
Puedes elaborar tu anuncio dando detalles sobre tu producto, por ejemplo, el número de personas que lo usan, el porcentaje de médicos que lo recomiendan o los premios que recibió.

8.4 *Revisar*

Acuérdate de revisar tus escritos siguiendo lo aprendido en el Capítulo 2.3:

- **Revisa la estructura general**
- **Revisa los párrafos**
- **Revisa las oraciones**
- **Revisa las palabras usadas**
- **Revisión por compañeros**

8.5 *Corregir*

◆ Concéntrate en fechas y horarios

No podrás lograr que la gente acuda a un evento si das la fecha o la hora incorrecta en tu anuncio.

La gramática y tu escritura

Para ahorrar espacio en tu anuncio, abrevia las fechas y los números ordinales (los que indican orden en una serie). Consulta la tabla en tu libro en inglés.

8.6 *Publicar y presentar*

◆ Crea una carpeta

✍ **Actividad: Libro de anuncios** Reúnan todos los anuncios que escribieron en la clase y combínenlos en un libro para que lo puedan leer otros estudiantes.

◆ Reflexiona sobre lo que escribiste

- ¿Cómo cambió tu opinión de los anuncios que ves y escuchas todos los días al escribir tu propio anuncio?
- ¿Con qué aspecto de escribir un anuncio te sientes más cómodo, el verbal o el visual?

CAPÍTULO 9

Exposición
Ensayo de comparación y contraste

◆ **Comparaciones y contrastes en la vida diaria**
Además de aumentar tu conocimientos, las habilidades de comparación y contraste te pueden ayudar a tomar decisiones en la vida diaria.

◆ **¿Qué es un ensayo de comparación y contraste?**
Un **ensayo de comparación y contraste** es un ensayo que explica cómo se parecen o diferencian dos o más temas.

◆ **Tipos de ensayos de comparación y contraste**
Hay comparaciones de trabajos literarios e informes del consumidor.

9.1 Conexión entre lectura y escritura

Usa las estrategias de lectura y escritura de tu libro.

9.2 Antes de escribir

◆ **Elige un tema**

✐ **Actividad: Asociación de palabras** Trabaja con un compañero para hacer una lista de pares de elementos. Deben decir la primera idea relacionada que les viene a la mente al escuchar cada par. Hagan una lista de las ideas y luego elijan un par para el ensayo.

✐ **Actividad: Maratón de escritura** Escribe durante cinco minutos todo lo que se te ocurra sobre un tema. Al terminar, mira para ver si has creado algún tema de comparación.

◆ **Limita tu tema**
Para evaluar tus temas haz un cuadro de similitudes y diferencias. Revisa el cuadro para asegurarte que los temas tienen suficientes similitudes y diferencias.

Tu público y tu propósito

En un ensayo de este tipo tu propósito general es informar, pero también debes tener un propósito más específico.

Recopila detalles

Recuerda que debes presentar las similitudes y diferencias de tus temas.

Haz una lista de preguntas

Haz una lista de preguntas para guiar tu trabajo de investigación. Para lograr un ensayo equilibrado, debes responder todas las preguntas de los dos temas.

9.3 Hacer un borrador

Da forma a tu escrito

Comparación de punto por punto Presenta una característica de ambos temas y luego pasa a otras características.

Comparación de tema por tema Presenta un tema en forma completa y luego pasa al otro tema. Asegúrate que la secuencia de detalles en el segundo tema sea igual a la del primero.

Elabora

Tienes que dar detalles que enfaticen cómo se parecen o diferencian tus temas. Puedes usar ejemplos, datos estadísticos y citas para elaborar tu trabajo.

9.4 Revisar

Acuérdate de revisar tus escritos siguiendo lo aprendido en el Capítulo 2.3:

- **Revisa la estructura general**
- **Revisa los párrafos**
- **Revisa las oraciones**
- **Revisa las palabras usadas**
- **Revisión por compañeros**

La gramática y tu escritura

Oraciones compuestas y complejas

Familiarízate con los siguientes tipos de oraciones:

Una **oración simple** consiste de una sola cláusula independiente.

Una **oración compuesta** consiste de dos o más cláusulas independientes, unidas por una coma y una conjunción coordinante o por un punto y coma.

Una **oración compleja** consiste de una cláusula independiente y una o más cláusulas subordinadas.

9.5 Corregir

Concéntrate en la puntuación

Asegúrate que has usado las comas correctamente en las oraciones en las que se han combinado ideas.

La gramática y tu escritura

Una coma le dice al lector que haga una breve pausa antes de continuar la oración. Sigue las siguientes reglas para el uso de la coma en las oraciones compuestas y complejas:

- Usa una coma antes de la conjunción que separa dos cláusulas independientes en una oración compuesta.
- Usa comas para separar tres o más palabras, frases o cláusulas.
- Usa una coma para separar una frase adverbial de introducción.
- No uses comas para separar frases adverbiales que estén en otra parte de la oración.

9.6 Publicar y presentar

◆ Crea una carpeta

✍ **Actividad: Tablero de noticias** Exhibe en el tablero de noticias tu ensayo de comparación y contraste para compartirlo con un público. Habla con las personas que lo lean para saber si están de acuerdo con tus conclusiones.

◆ Reflexiona sobre lo que escribiste

- ¿Qué aprendí sobre el tema mientras recopilaba la información?
- ¿Qué consejo le daría a un estudiante que está por escribir un ensayo de comparación y contraste?

CAPÍTULO 10

Exposición
Ensayo de causa y efecto

◆ Las relaciones de causa y efecto en la vida diaria

Entender las relaciones entre causas y efectos te ayudará a entender sucesos del pasado como así también a predecir futuros sucesos.

◆ ¿Qué es un ensayo de causa y efecto?

Un tipo de escritura de exposición son los **ensayos de causa y efecto**, que explican la relación entre sucesos o situaciones que tuvieron lugar en el pasado y los sucesos o situaciones que ocurrieron como resultado de los primeros. Un ensayo de causa y efecto generalmente tiene una explicación de cómo ciertas causas produjeron o podrían producir efectos específicos, ejemplos y otros detalles que apoyan las ideas principales del ensayo, transiciones que muestran cómo varias causas y efectos están relacionados, y una organización lógica.

◆ Tipos de ensayos de causa y efecto

Hay ensayos históricos y ensayos científicos.

10.1 Conexión entre lectura y escritura

Usa las estrategias de lectura y escritura de tu libro.

10.2 Antes de escribir

◆ Elige un tema

   ✍ **Actividad: Leer periódicos y revistas** Lee rápidamente artículos de periódicos y revistas. Cuando encuentres un tema interesante, pregúntate: ¿Qué causó esta situación? ¿Qué efectos tendrá esto? Trata de responder a estas preguntas y si lo puedes hacer en forma general elige ese tema para tu ensayo.

◆ Limita tu tema

Cuando tengas un tema, puedes elegir dar un panorama general de sus causas o concentrarte en un solo tipo de causa.

Haz una red para limitar el tema
En tu libro en inglés aparece un ejemplo de una red.

◆ Tu público y tu propósito

Mientras escribes, elige los detalles y el lenguaje que van a interesar a tus lectores y a ayudarte a lograr tu propósito.

◆ Recopilar detalles

Es muy posible que no conozcas todos los detalles que necesitas para escribir tu ensayo y tengas que recopilarlos de varias fuentes: libros, revistas, sitios de la web, entrevistas con expertos. Una manera de hacer tu investigación es empezar con un efecto y hacer una lista de todas las causas que conozcas para ese efecto. Luego, consulta diversas fuentes para verificar esas causas y encontrar otras.

10.3 *Hacer un borrador*

◆ Da forma a tu escrito

Puedes organizar los detalles de tu ensayo siguiendo un orden de importancia. Si comienzas con la causa menos importante y continúas hasta llegar a la más importante, los lectores sentirán que, a medida que leen, se acercan cada vez más al tema central.

◆ Elabora

Cuando elaboras, lo que haces es agregar detalles a tu ensayo. Puedes hacerlo ofreciendo datos, estadísticas, fechas y nombres para dar más autoridad a tu trabajo. Cuando compartes tus puntos de vista y haces predicciones, darás a tu ensayo un tono más personal.

10.4 *Revisar*

Acuérdate de revisar tus escritos siguiendo lo aprendido en el Capítulo 2.3:

- **Revisa la estructura general**
- **Revisa los párrafos**
- **Revisa las oraciones**
- **Revisa las palabras usadas**
- **Revisión por compañeros**

La gramática y tu escritura
Cláusulas independientes y subordinadas
Una **cláusula** es un grupo de palabras con su propio sujeto y verbo. Una **cláusula independiente** puede actuar independientemente como una oración y se puede usar sola, con otra cláusula independiente o con una cláusula subordinada.
Una **cláusula subordinada**, si bien tiene un sujeto y un verbo completos, no puede funcionar independientemente como una oración completa, sólo puede ser parte de una oración. Las cláusulas subordinadas muestran relaciones de tiempo, resultado, comparación o condición, o simplemente añaden información.

10.5 Corregir

◆ Concéntrate en *which* y *that*

Which y *that* son dos palabras que frecuentemente se usan incorrectamente. *That* da información esencial, mientras que *which* sólo da información que no es esencial.

10.6 Publicar y presentar

◆ Crea una carpeta

> **Actividad: Discusión de grupo** Comparte tu ensayo de causa y efecto con algunos compañeros. Luego, inicia una discusión sobre tu trabajo. Nota cuáles son las estrategias que vas a usar de nuevo y cuáles son las que no usarás la próxima vez que tengas que escribir un ensayo.

◆ Reflexiona sobre lo que escribiste

- ¿Aprendiste algo que no sabías sobre tu tema mientras recopilabas detalles?
- ¿Qué consejo darías a un amigo que quiere escribir un ensayo de causa y efecto?

Exposición
Ensayo de problema y solución

◆ Los problemas y las soluciones en la vida diaria

En nuestro mundo moderno, uno se encuentra con problemas a diario. Por ejemplo, todos tenemos problemas por falta de tiempo. Pero la idea no es sólo quejarse, sino hacer algo al respecto. Al buscar soluciones prácticas, las personas pueden mejorar las situaciones problemáticas.

◆ ¿Qué es un ensayo de problema y solución?

Los **ensayos de problema y solución** son trabajos escritos que identifican y explican un problema y luego ofrecen una posible solución. Usualmente incluyen lo siguiente:

• La presentación del problema.
• La identificación de los aspectos más importantes del problema.
• Una o más posibles soluciones.
• Detalles y razones lógicas para cada solución.
• Una organización lógica de la información.

◆ Tipos de escritura de problema y solución

Los siguientes tipos de escritura pueden ocuparse de problemas y ofrecer soluciones.

• Problemas en los negocios
• Problemas en la comunidad
• Problemas de los consumidores

11.1 Conexión entre lectura y escritura

Usa las estrategias de lectura y escritura de tu libro.

11.2 Antes de escribir

◆ Elige un tema

Asegúrate de elegir un tema importante y complejo.

> ✎ **Actividad: Haz una lista** Puedes hacer una lista que te ayude a encontrar y evaluar los posibles temas. Una vez que hayas terminado la lista, escoge el tema que te parezca más prometedor para tu ensayo. Mira el ejemplo que aparece en tu libro de inglés.

◆ Limita tu tema

Asegúrate de que tu tema no sea demasiado complejo. Limita el tema para poder ofrecer una solución realista.

> ✐ **Actividad: Crea una red** Usa una red dibujando un círculo central y colocando tu tema general en él. Ubica los temas más específicos en círculos concéntricos. Luego escoge uno de estos temas específicos.

◆ Tu público y tu propósito

Cuando escribes un ensayo de problema y solución, no te olvides para quién escribes: los lectores que pueden implementar tus sugerencias. Usa los detalles y el vocabulario apropiados para ese público. Di cuál es tu propósito en una sola oración y usa este propósito para organizar tu trabajo.

Ajusta los detalles según tu público

Toma en cuenta cuánto sabe el público acerca de tu tema, y escoge los detalles adecuados para ese nivel de conocimiento.

◆ Recopila detalles

Una vez que hayas determinado cuál es tu público, recopila los detalles necesarios para escribir tu ensayo de problema y solución.

> ✐ **Actividad: Haz un Cuadro T** Puedes hacer un cuadro T para reunir las ideas de tu ensayo. Anota los problemas del lado izquierdo del cuadro, y la solución o soluciones del lado derecho.

11.3 Hacer un borrador

◆ Da forma a tu escrito

El tipo de organización más común para los ensayos de problema y solución viene dado por el nombre mismo. Presenta primero el problema y luego las soluciones.

Escoge una organización adecuada

Organiza tu ensayo de la manera más efectiva. Si tu solución tiene varios pasos, puedes usar el orden cronológico. En cambio, si presentas más de una solución, tal vez te convenga organizarlas por orden de importancia.

◆ Elabora

Al escribir tu borrador, debes elaborar los puntos más importantes.

> ✐ **Actividad: Cinco puntos de iluminación** Usa una estrella de cinco puntas, como la que aparece en tu libro de inglés, para incorporar distintos tipos de detalles en cada párrafo de tu ensayo.

11.4 *Revisar*

Acuérdate de revisar tus escritos siguiendo lo aprendido en el Capítulo 2.3:

- **Revisa la estructura general**
- **Revisa los párrafos**
- **Revisa las oraciones**
- **Revisa las palabras usadas**
- **Revisión por compañeros**

La gramática y tu escritura
Complementos del sujeto
El **complemento del sujeto** es un sustantivo, pronombre o adjetivo unido a un verbo de enlace, y que dice algo acerca del sujeto en la oración. Un **verbo de enlace** es un verbo que conecta una palabra del inicio de la oración con otra palabra del final.
Los complementos del sujeto se dividen en **predicados nominales** (sujeto o pronombre) o **predicados adjetivos** (adjetivos).

11.5 *Corregir y leer*

Revisa tu borrador para corregir la ortografía, la puntuación y la gramática.

◆ Concéntrate en la puntuación

Cuando corrijas tu ensayo de problema y solución, revisa que hayas usado correctamente todos los signos de puntuación.

La gramática y tu escritura
El guión y la raya
Aunque se parecen, el guión y la raya tienen diferentes usos en inglés.
La **raya** se usa para indicar un cambio brusco en el pensamiento o una interrupción dramática de una idea. El **guión** se usa, entre otras cosas, para unir modificadores compuestos cuando van delante de un sustantivo y para los prefijos *all-*, *ex-* y *self-*.

11.6 *Publicar y presentar*

Comparte tu ensayo de problema y solución con un público.

◆ Crea una carpeta

✍ **Actividad: Discusión** Lee tu ensayo a estudiantes, maestros y miembros de tu comunidad que puedan estar interesados en tu tema. Tu ensayo puede ser el punto de partida para una discusión que plantee soluciones potenciales.

◆ Reflexiona sobre lo que escribiste

- ¿Qué estrategia usaste por primera vez? ¿Crees que fue apropiada?
- ¿Qué descubriste durante tu proceso de revisión que pueda fortalecer tu escritura?

CAPÍTULO 12

Investigación
Ensayo documental

◆ La investigación en la vida diaria

Tú investigas cada vez que buscas un número en el directorio telefónico o consultas con tu médico sobre nutrición. Los resultados de la investigación muchas veces se presentan por escrito, por ejemplo, cuando escribes un informe para la escuela.

◆ ¿Qué es el ensayo documental?

Un buen **ensayo documental** se centra en un tema específico y limitado, que generalmente es resumido en un enunciado de propósito; presenta información importante obtenida de una variedad de fuentes; estructura la información de una manera lógica y efectiva; e identifica las fuentes de las que se obtuvo la información.

◆ Tipos de ensayo documental

Algunos ensayos documentales son:

- las bibliografías anotadas
- los informes científicos
- los artículos de interés general

12.1 Conexión entre lectura y escritura

Usa las estrategias de lectura y escritura de tu libro.

12.2 Antes de escribir

◆ Elige un tema

Para tu ensayo documental, elige un tema que te interese y que te gustaría investigar

✎ **Actividad: Escritura invisible** Cuando usas la escritura invisible, generas ideas sin juzgarlas mientras escribes. Apaga el monitor de tu computadora o mete papel carbón entre dos hojas de papel y usa un bolígrafo vacío para escribir. Cuando termines de escribir, enciende el monitor o mira la segunda hoja de papel y revisa lo que escribiste. Elige una idea para tu ensayo.

◆ Limita tu tema

Si tu tema puede dividirse en subtemas, tal vez sea demasiado amplio para tu ensayo.
Puedes limitar tu tema con círculos.

> ✐ **Actividad: Usa la conexión entre ideas para limitar tu tema** Escribe libremente
> acerca de tu tema por tres o cinco minutos. Lee lo que escribiste y encierra en un
> círculo las idea más importante. Luego escribe por tres a cinco minutos acerca
> de esa idea. Vuelve a leer tu escrito y encierra la idea clave en un círculo. Sigue
> este procedimiento hasta que obtengas una idea suficientemente limitada para
> tu ensayo.

◆ Tu público y tu propósito

Antes de empezar tu borrador, identifica tu público (los que leerán tu ensayo) y tu
propósito (que efecto deseas obtener). Así podrás recopilar los detalles apropiados para tu
público, lo cual te ayudará a lograr tu propósito.

◆ Recopila detalles

Debes buscar información de varias fuentes.

Haz un plan de investigación

Haz una lista de la información que deseas buscar y dónde esperas encontrarla. Las
bibliotecas tienen información impresa y en formato electrónico, tales como libros de no
ficción, artículos de revistas, índices, almanaques, atlas, enciclopedias (impresas y en CD-
ROM) e incluso acceso a Internet.

Haz entrevistas

Si tu ensayo es acerca de una persona, entrevístala si es posible. Aunque tu ensayo no
sea sobre una persona, puedes entrevistar a expertos o testigos oculares que conozcan
el tema.

Investiga en Internet

La web es una amplia fuente de información, pero debes tener cuidado, ya que no todo lo
que está en Internet es veraz.

12.3 Hacer un borrador

◆ Da forma a tu escrito

Al escribir, debes usar los siguientes elementos:

Introducción Una buena introducción tiene dos propósitos: presenta la idea principal del
ensayo y llama la atención del lector.

Cuerpo El cuerpo del ensayo contiene los párrafos que desarrollan y apoyan la idea
principal. Generalmente, cada párrafo tiene su propia idea principal que es apoyada con
detalles. Sin embargo, algunos párrafos sirven para hacer transiciones o dar énfasis a
cierto aspecto.

Conclusión La conclusión debe dejar una impresión fuerte y duradera en el lector. Debe
resumir la idea principal y darle al lector en qué pensar.

◆ Elabora

En tu ensayo documental, debes citar hechos y estadísticas y explicar cómo se relacionan
con tu idea principal. Cuando cites un hecho, asegúrate de documentarlo.

12.4 Revisar

Acuérdate de revisar tus escritos siguiendo lo aprendido en el Capítulo 2.3:

- **Revisa la estructura general**
- **Revisa los párrafos**
- **Revisa las oraciones**
- **Revisa las palabras usadas**
- **Revisión por compañeros**

> **La gramática y tu escritura**
> **Concordancia entre el pronombre y su antecedente**
> Los pronombres sustituyen palabras que ya han sido usadas y ayudan a evitar repeticiones. La palabra o grupo de palabras a las que un pronombre se refiere se llama antecedente. Un pronombre y su antecedente deben concordar en género y número.
> El **pronombre indefinido** se refiere a un sustantivo que no se menciona específicamente. El pronombre indefinido puede ser plural o singular.

12.5 Corregir

Corrige tu ensayo cuidadosamente.

◆ Concéntrate en las comillas

Recuerda citar toda la información que no provenga directamente de ti. Asegúrate de usar comillas al citar palabras, frases u oraciones de otras personas.

> **La gramática y tu escritura**
> **Citas directas e indirectas**
> Una **cita directa** es la repetición palabra por palabra de lo que alguien dijo o escribió. Si la cita directa es corta, enciérrala en comillas. Si tiene cuatro líneas o más, la cita debe ir precedida por dos puntos y debe empezar como un párrafo nuevo, con márgenes más grandes que los del resto del ensayo.
> Una **cita indirecta** es una paráfrasis de lo que alguien dijo y no debe ir entre comillas. Sin embargo, se debe mencionar la fuente de la cita.

12.6 Publicar y presentar

◆ Crea una carpeta

Ésta es una sugerencia para presentar tu trabajo.

> ✐ **Actividad: Presentación frente a la clase** Prepara una antología de los escritos de investigación de tus compañeros.

◆ Reflexiona sobre lo que escribiste

Usa estas preguntas para guiar tu reflexión. Guarda las respuestas en tu carpeta.

- ¿Qué aprendiste sobre el tema que elegiste?
- ¿Qué harías de forma diferente si tuvieras que escribir otro informe?

CAPÍTULO 13

Investigación
Informe

◆ La investigación en la vida diaria

Tu curiosidad, con frecuencia, te hace investigar temas de una manera desordenada. Sin embargo, cuando investigas un tema de una manera metódica, las habilidades de investigar y de organizar te ayudarán a consultar más fuentes de referencia, te convertirán en un experto sobre cierto tema y te permitirán compartir tus conocimientos con otros.

◆ ¿Qué es un informe?

Los **informes** son una presentación escrita de la información que has recopilado de diversas fuentes sobre un tema específico. Los buenos informes tienen los siguientes elementos.

- Un enunciado de propósito claramente expresado
- Datos de apoyo obtenidos de varias fuentes, que incluyen citas y la mención de sus orígenes
- Una estrategia de organización clara
- Una bibliografía o lista de trabajos consultados durante la investigación

◆ Tipos de informes

Los informes pueden ser de varios tipos:

- Investigaciones personales
- Informes académicos
- Bibliografías anotadas
- Informes de género múltiple

13.1 Conexión entre lectura y escritura

Usa las estrategias de lectura y escritura de tu libro.

13.2 *Antes de escribir*

◆ Elige un tema

Cuando te prepares para escribir el informe, elige un tema que te vaya a interesar durante el tiempo que le dediques. Además de comprometerte con el tema, asegúrate de que hay suficiente información disponible sobre él.

> ✎ **Actividad: Revisa los titulares** A veces, leer algo en las noticias puede generar el deseo de obtener información más detallada. Revisa los titulares de los últimos días, lee los artículos que más te interesen y anota tus dudas o preguntas. Luego, escoge una pregunta e investiga acerca del tema.

◆ Limita tu tema

Ahora que ya escogiste un tema, piensa si debe limitarse. Si tu tema puede ser dividido en subtemas, entonces debes limitarlo.

> ✎ **Actividad: Haz una red para limitar tu tema** Puedes dibujar una red y escribir tu tema en el centro. Escribe los aspectos claves del tema en los círculos externos. Puedes usar uno de estos aspectos clave como un tema, o puedes limitarlo aún más.

◆ Tu público y tu propósito

Piensa en tu público para determinar que tipo de información y qué lenguaje debes usar. Pregúntate para quién escribes y por qué escribes.

◆ Recopila detalles

Consulta libros, enciclopedias, revistas, Internet y otras fuentes para hallar la información que necesitas.

Ubica fuentes de información

Puedes hallar fuentes de información específica en un catálogo, en Internet o en estas fuentes más especializadas: índices y bases de datos.

Toma notas sistemáticamente

A medida que encuentres la información, toma notas de manera eficiente. Esto te ayudará al escribir tu informe y creará un lista de referencias. Usa tarjetas de referencias y tarjetas de notas.

13.3 *Hacer un borrador*

◆ Da forma a tu escrito

Prepara un enunciado de propósito

Un enunciado de propósito eficaz expresa una idea que se puede apoyar con la investigación.

Elige un método de organización

Usa tu enunciado de propósito y lo que sabes del público para elegir un método de organización. Considera estos métodos.

- **Orden cronológico**
- **Causa y efecto**
- **Orden de importancia**

Escribe un esquema

Luego de haber elegido un tipo de organización, prepara una reseña que sirva como guía para un borrador.

◆ Elabora

Desarrolla tus ideas al dar los detalles de apoyo.

Da detalles y cita las fuentes

Apoya tus puntos claves usando varios tipos de detalles:

- Hechos
- Estadísticas
- Ejemplos
- Citas
- Paráfrasis
- Observaciones personales

13.4 Revisar

Acuérdate de revisar tus escritos siguiendo lo aprendido en el **Capítulo 2.3**:

- **Revisa la estructura general**
- **Revisa los párrafos**
- **Revisa las oraciones**
- **Revisa las palabras usadas**
- **Revisión por compañeros**

La gramática y tu escritura

Cláusulas dependientes e independientes

Una **cláusula** es un grupo de palabras que tiene sujeto y verbo. Las cláusulas independientes forman una oración completa. Las cláusulas subordinadas deben formar parte de una oración, ya que no expresan un pensamiento completo.

Los dos tipos de cláusulas pueden combinarse para formar oraciones simples, compuestas, complejas y compuestas complejas.

13.5 Corregir y leer

◆ Concéntrate en las citas

Revisa cuidadosamente cada cita para verificar que ha sido transcrita de manera exacta y que has usado comillas. Revisa también los nombres y títulos de referencia.

◆ Concéntrate en el formato

Asegúrate de que todas las citas tengan el formato correcto.

La gramática y tu escritura

Formato

Pasajes Si tienes un pasaje de cuatro o más líneas, debe ir precedido por dos puntos. Empieza el pasaje como un párrafo nuevo, y escríbelo entre márgenes más grandes que el resto del texto. Recuerda citar la fuente de información.

Referencias entre paréntesis Dar referencias entre paréntesis ayuda a los lectores a saber rápida y fácilmente qué fuentes usaste. Una referencia entre paréntesis generalmente incluye el apellido del autor y el número de las páginas de donde tomaste la información. La información completa sobre cada fuente a la que te refieres entre paréntesis debe aparecer en tu lista de trabajos consultados.

Notas de pie de página Cuando uses este tipo de notas incluye todos los detalles acerca de la fuente y cita el número de la página. Señala las notas de pie de página con un número en la parte de abajo de la página donde aparecen.

Notas al final del trabajo Para las notas al final del trabajo, coloca la documentación en orden numérico en una página que venga antes de la lista de referencia.

Lista de trabajos consultados Esta lista aparece al final de un trabajo de investigación e incluye toda la información sobre todas las fuentes usadas. Los títulos generalmente aparecen alfabetizados por el apellido de sus autores y se escriben en cursiva o se subrayan.

13.6 Publicar y presentar

◆ Crea una carpeta

Actividad: Publica en Internet De seguro algunas de las millones de personas que están conectadas a través de Internet van a querer leer tu informe. Envía tu informe a un amigo por correo electrónico o publícalo en la web.

◆ Reflexiona sobre lo que escribiste

Usa estas preguntas para guiar tu reflexión.

- ¿Aprendiste algo nuevo que te sorprendió sobre el tema estudiado?
- Si tuvieras que hacerlo otra vez, ¿qué harías diferente?

CAPÍTULO 14

Respuesta a la literatura

◆ La respuesta a la literatura en la vida diaria

¿Has leído alguna vez un poema o cuento que haya causado impacto? Tal vez uno de los personajes te gustó mucho. También puede ser que un final te haya sorprendido o que otro te haya desilusionado.

◆ ¿Qué es un ensayo de respuesta a la literatura?

Cuando escribes un **ensayo de respuesta a la literatura**, expresas el qué, cómo y por qué de la reacción que causa en ti un trabajo literario. Un ensayo de respuesta a la literatura:

- Analiza el contenido de una obra literaria, las ideas relacionadas o el efecto de la obra en el lector.
- Se centra en un aspecto singular de la obra o presenta un panorama general.
- Se apoya en evidencias tomadas del mismo texto para apoyar las opiniones del autor del ensayo.
- Usa una organización lógica para comunicar claramente las ideas.

◆ Tipos de ensayos de respuesta a la literatura

Puedes compartir tu respuesta a la literatura de muchas maneras. Éstas son algunas de ellas.

- Las interpretaciones literarias
- Las reseñas críticas
- Los estudios de personaje
- La comparación de trabajos literarios

14.1 Conexión entre lectura y escritura

Usa las estrategias de lectura y escritura de tu libro.

14.2 *Antes de escribir*

◆ Elige un tema

Elige una selección que te haya afectado por alguna razón.

> ✍ **Actividad: Haz una lista** Puedes hacer una lista de obras sobre las cuales podrías escribir. Al hacer la lista, anota tus comentarios personales acerca de las obras. Puedes clasificar las obras con estrellas o describirlas brevemente con tres palabras. Luego puedes buscar las obras que mejor clasificación obtuvieron y escoger una para tu ensayo.

◆ Limita tu tema

Para presentar a tus lectores un ensayo convincente limita el enfoque del tema a un solo punto.

> ✍ **Actividad: Usa la conexión entre ideas para limitar tu tema** Hacer conexiones entre ideas te puede ayudar a encontrar los temas claves. Escribe libremente por cinco minutos acerca de tu tema. Lee lo que escribiste y encierra en un círculo la idea más importante. Luego escribe acerca de esa idea por cinco minutos. Repite el proceso hasta que hayas limitado tu tema lo suficiente.

◆ Tu público y tu propósito

Tu propósito general es compartir con el público tu reacción hacia una obra.

Satisface las expectativas del público

Debes ajustar tu estilo de escritura a los diferentes tipos de público. Puedes consultar el cuadro que aparece en tu libro en inglés.

◆ Recopila detalles

Después de limitar tu tema, recopila los detalles que apoyen tu posición.

> ✍ **Actividad: Hacer un hexágono** Puedes usar la técnica del hexágono para explorar varios aspectos de tu respuesta a la literatura. Sigue el ejemplo de tu libro en inglés.

14.3 *Hacer un borrador*

◆ Da forma a tu escrito

Usa la organización nestoriana

En la organización nestoriana, se presenta una proposición en la introducción. Luego se desarrolla la segunda mejor idea. El mejor ejemplo o la mejor idea se deja para el final.

◆ Elabora

Busca pasajes típicos de la escritura, presenta el contexto de las citas y usa las comillas para enmarcar las citas breves.

14.4 Revisar

Acuérdate de revisar tus escritos siguiendo lo aprendido en el Capítulo 2.3:

- **Revisa la estructura general**
- **Revisa los párrafos**
- **Revisa las oraciones**
- **Revisa las palabras usadas**
- **Revisión por compañeros**

> ### La gramática y tu escritura
> **Comparaciones**
> Los adjetivos y adverbios se usan para hacer **comparaciones**. Los tres grados de comparación son el positivo, el comparativo y el superlativo.
> El **grado comparativo** se usa para comparar dos personas, lugares o cosas. El **grado superlativo** se usa para comparar tres o más personas, lugares o cosas. Si comparas un elemento de un grupo con un elemento de otro grupo, asegúrate de usar la palabra *other* o *else*.

14.5 Corregir

Los lectores disfrutan más al leer un ensayo sin errores y prestan más atención a las ideas presentadas.

◆ Concéntrate en leer

Revisa cada cita y asegúrate de que copiaste los pasajes de manera precisa y exacta. Revisa el uso de las comillas.

> ### La gramática y tu escritura
> **Comillas**
> Las **comillas** se usan con frecuencia en la respuesta a la literatura. Se usan para los títulos de obras cortas y para las citas directas. Para los títulos de obras largas se usan las cursivas o el subrayado.

14.6 Publicar y presentar

Conocer las reacciones que causa tu trabajo en otras personas te ayudará a ampliar tu comprensión de la respuesta a la literatura.

◆ Crea una carpeta

✍ **Actividad: Grupo de discusión** Comparte tu respuesta a la literatura con un grupo de lectores. Todos pueden leer sus ensayos o resumir las ideas claves. Luego pueden comparar y contrastar.

◆ Reflexiona sobre lo que leíste

Piensa sobre tu experiencia al escribir el ensayo y anota tus reflexiones. Usa estas preguntas como guía.

- ¿Quedaste satisfecho con la cuestión que decidiste investigar?
- ¿Qué parte del proceso te pareció más útil y por qué?

CAPÍTULO 15

Escritura para evaluación

◆ La evaluación en la escuela

Para asegurarse que entiendes y usas correctamente la información y habilidades que te enseñan, tus maestros con frecuencia evalúan tus conocimientos.

◆ ¿Qué es la evaluación?

Tú ya debes saber que los ensayos de prueba son una de las formas más comunes de la **escritura para evaluación**. En estas pruebas debes usar los conocimientos que adquiriste en clase. Un ensayo de prueba bien escrito incluye lo siguiente:

- Una respuesta directa a la pregunta de la prueba.
- Un enunciado de propósito o idea principal claramente expresado y apoyado.
- Información específica sobre el tema, obtenida en la clase o en tus lecturas.
- Una organización clara.

◆ Tipos de evaluación

Los temas de una prueba dependen de las materias que estás estudiando. Sin embargo, los ensayos frecuentemente incluyen tipos de escritura que tú ya conoces. Éstos son algunos ejemplos:

- Explicar un proceso
- Apoyar una posición
- Comparar y contrastar
- Mostrar causa y efecto

15.1 Antes de escribir

◆ Elige un tema

Las siguientes son estrategias para ayudarte a elegir un tema.

- **Lee todos los temas y decide** No tienes que escoger el primer tema. Lee toda la lista y luego escoge el tema que mejor puedas responder.
- **Primero descarta** Evita los temas que te confundan o que no conozcas bien.
- **Escoge la pregunta a la cual tengas más respuestas** Piensa en posibles pruebas o detalles que apoyen cada pregunta. Escoge la que más detalles tenga.
- **Presta atención al tema** Escoge el tema cuya presentación te sea más fácil.

◆ Limita tu respuesta

Antes de escribir tu respuesta, decide cuál va a ser tu estrategia.

Ubica las palabras clave

Lee la pregunta y determina qué te piden hacer; por ejemplo, comparar y contrastar, analizar, reflexionar, apoyar una idea, o presentar un argumento en contra de un tema.

Forma una idea principal

Escribe la idea principal, o tesis, que presentarás en la respuesta. Mantén esta idea en mente al recopilar detalles y planificar la organización.

Identifica tu público y tu propósito

Lee el tema de nuevo para ver si se ha especificado un público o un propósito. Si es así, manténlos en mente al recopilar los detalles.

15.2 Hacer un borrador

◆ Da forma a tu escrito

Planifica la estructura

Antes de hacer tu borrador, haz un esquema de organización. Puedes usar diferentes métodos.

Comparación y contraste Usa este método si te piden examinar similitudes y diferencias. Puedes hacerlo punto por punto o tema por tema.

Organización cronológica Este método es más eficaz para el análisis de causa y efecto.

Organización nestoriana Es muy efectiva para un ensayo persuasivo.

◆ Elabora

Asegúrate de persuadir y darle profundidad a tu ensayo. Usa detalles que definen, detalles que explican, detalles que dan apoyo y detalles que ilustran.

15.3 Revisar

Acuérdate de revisar tus escritos siguiendo lo aprendido en el Capítulo 2.3:

- **Revisa la estructura general**
- **Revisa los párrafos**
- **Revisa las oraciones**
- **Revisa las palabras usadas**
- **Revisión por compañeros**

15.4 *Corregir*

◆ Concéntrate en la ortografía

Debido a que en una prueba tienes que escribir rápidamente, es posible que cometas errores ortográficos, gramaticales o de puntuación. Revisa tu borrador cuidadosamente.

> **La gramática y tu escritura**
> Homófonos
> Los **homófonos** son palabras que suenan igual que otra palabra pero tienen un significado y ortografía diferentes. Usa un diccionario para identificar la ortografía y significado de los homófonos en los que tengas dudas.

15.5 *Publicar y presentar*

◆ Crea una carpeta de trabajos

Luego que recibas tu ensayo ya calificado, guárdalo en tu carpeta de trabajos.

✍ **Actividad: Comparte con tu orientador** Entrégale tu escrito a tu orientador u orientadora para que lo revise. Concreta una cita con tu orientador para discutir cómo aprovechar tus habilidades de escritura.

◆ Reflexiona sobre lo que escribiste

Reflexiona un momento sobre tus puntos fuertes y también sobre las áreas que debes mejorar al hacer las pruebas. Escribe tus ideas y guardarás en tu carpeta. Usa estas preguntas para guiar tu reflexión.

- ¿Quedaste satisfecho con la pregunta que decidiste responder? ¿Por qué?
- ¿Qué etapa del proceso de escritura te pareció más útil? ¿Por qué?

CAPÍTULO 16

Escritura en el trabajo

◆ La escritura en el trabajo y en la vida diaria

Cuando envías una nota de agradecimiento a un vecino que te hizo un regalo o cuando llenas un solicitud de ingreso a un club deportivo, estás usando un tipo particular de escritura: la escritura en el trabajo. Los empleados de oficina, estudiantes, personas de negocios y las oficinas del gobierno utilizan este modo de escritura para comunicarse información importante y trabajar juntos, sin que importe la distancia que los separa. Tener habilidades para la escritura en el trabajo te permitirá ser un alumno aventajado en la escuela y conseguir trabajo, enviar reclamos a compañías, invitar gente a eventos importantes y también transmitir mensajes urgentes para resolver problemas de tu comunidad.

◆ ¿Qué es la escritura en el trabajo?

La **escritura en el trabajo** puede tener muchas formas, y cada una de ellas es apropiada para una situación específica. La forma de escritura que uses en un trabajo dependerá de tus tareas y de los lugares en los que trabajes. A pesar de sus diferencias, la escritura en el trabajo generalmente consiste en un trabajo escrito, basado en datos y que comunica información específica a los lectores, en un formato estructurado que la mayoría de la gente reconoce. La buena escritura en el trabajo:

- Comunica la información y el mensaje de una manera clara, directa y breve.
- Se centra en temas clave y responde por anticipado las preguntas de los lectores.
- Refleja el esfuerzo del autor para ser exacto y ordenado.
- No tiene errores gramaticales ni de ortografía.

◆ Tipos de escritura en el trabajo

Desde los comentarios que escribe tu maestro en el margen de tu informe de prueba hasta la solicitud que tienes que llenar para trabajar en la biblioteca pública, la escritura en el trabajo forma parte de tu vida diaria. Esta escritura puede tomar varias formas, tanto electrónica como impresa, y cada una tiene públicos y propósitos particulares. Éstos son algunos formatos comunes.

- Las **cartas comerciales** tienen como propósito comunicar información o tratar una gran variedad de cuestiones.
- Los **memorandos** se usan para hacer circular información dentro de ambiente de trabajo.
- El **curriculum** da información sobre las habilidades del solicitante y sus estudios cursados.
- Los **formularios y solicitudes** son impresos que se deben completar dando información específica para un propósito particular, como hacer compras en Internet o conseguir un trabajo.

16.1 *Carta comercial*

◆ ¿Qué es una carta comercial?

Las cartas comerciales son el ejemplo más común de la escritura en el trabajo. Cualquiera sea el tema del que trate, una carta comercial bien escrita tiene los siguientes elementos.

- Está compuesta por seis partes: encabezamiento, dirección del destinatario, saludo, cuerpo, cierre y firma.
- Sigue uno de los siguientes formatos: en bloque, en el que cada parte de la carta comienza en el margen izquierdo; y en bloque modificado, en el que el encabezamiento, el cierre y la firma están separados del margen izquierdo por un espacio.
- Un lenguaje formal y respetuoso, cualquiera sea su contenido.

Antes de escribir Si es posible, averigua el nombre de la persona que va a recibir tu carta. Luego, anota la información que quieres comunicar. Identifica tu punto más importante y preséntalo inmediatamente luego del comienzo de la carta. Esto aumentará la probabilidad de que tu carta tenga una respuesta favorable.

Hacer un borrador Para tu borrador, usa un tono formal y da al lector toda la información que necesite.

Revisar Como tu carta debe presentar y ocuparse de un tema, comprueba que el tema y el punto principal estén claramente expresados en el primer párrafo. Revisa los detalles para asegurarte que los has usado de una manera efectiva, añadiendo los que sean necesarios y eliminando los que no lo sean.

Corregir Observa con cuidado el formato de tu carta. Comprueba, sin que te queden dudas, que has escrito correctamente el nombre de la persona y que el nombre de su negocio y su dirección también son los correctos. Corrige los errores gramaticales, ortográficos y de puntuación.

Publicar Escribe tu carta a mano, a máquina o en una computadora, en una hoja de papel de medidas estándar. La puedes enviar por correo electrónico o por correo regular. Si la envías por correo regular, colócala en un sobre que tenga tu nombre y dirección y el nombre y dirección de la persona que la va a recibir.

16.2 *Memorandos*

◆ ¿Qué es un memorando?

Los miembros de un equipo o empleados de un negocio necesitan comunicarse bien. Para hacerlo, pueden usar memorandos. Un buen memorando:

- Comunica la información adecuada.
- Sigue un formato establecido.
- Elabora el tema.

Antes de escribir Elige un tema limitado para usarlo como título del memorando. Toma en cuenta tu público.

Hacer un borrador Presenta tu idea principal de manera clara y concisa. Usa tablas o listas si es necesario.

Revisar Asegúrate de haber llenado los espacios bajo "De:", "Para:", "Fecha:" y "Asunto:"

Corregir Corrige el formato y revisa la ortografía y la puntuación.

Publicar Imprime y distribuye el memorando a todos los interesados o publícalo a través del correo electrónico.

16.3 Curriculum

◆ ¿Qué es un currículum?

El currículum resume tus estudios, tu experiencia laboral, tus habilidades y cualquier otra información pertinente. Un curriculum:

- Presenta el nombre, la dirección y el teléfono del solicitante.
- Sigue una organización preestablecida.
- Presenta en forma de esquema los estudios cursados, las habilidades y cualquier otra información acerca del solicitante.

Antes de escribir Pregúntate que habilidades posees y cuándo y dónde las usaste. Consulta con familiares y amigos para que te ayuden.

Hacer un borrador Escoge un formato y úsalo de manera constante.

Revisar Revisa la organización y la información que presentas.

Corregir Verifica las direcciones donde cursaste estudios y donde trabajaste.

Publicar Averigua dónde debes enviar tu curriculum. Imprime una copia en limpio y escribe una carta de presentación.

16.4 Formularios y solicitudes

◆ ¿Qué son los formularios y solicitudes?

En un mundo lleno de computadoras y bancos de datos, encuentras formularios y solicitudes en todas partes y para todos los propósitos. Los formularios y solicitudes son impresos con espacios en blanco que se deben llenar con la información apropiada. Para completar estos documentos correctamente debes hacer lo siguiente:

- Escribir con claridad.
- Leer todos los rótulos e instrucciones para asegurarte que estás dando la información exacta.
- Escribir únicamente la información solicitada.

Hoja de transmisión de fax

Cuando se envía un fax, o facsímile, generalmente éste va acompañado por una hoja de transmisión. Esta hoja indica quién envió el fax, a quién va dirigido y cuántas páginas se transmitieron. También da la dirección y número de teléfono y de fax del remitente. La mayoría de las hojas de transmisión tienen un espacio en blanco donde se puede escribir a mano una nota breve.

Solicitud

En las solicitudes, sólo se escribe la información requerida. Es más, algunos espacios en blanco se deben dejar en blanco, de acuerdo con las instrucciones de la solicitud. Es posible que no haya suficiente espacio para dar toda la información requerida. En ese caso, hay que averiguar cómo incluir toda la información.

En algunos casos la información se da por medio de marcas. Usar paréntesis y barras ayuda a separar diferente información escrita en una misma línea. Algunas solicitudes deben ser firmadas por personas específicas.

Gramática

Las partes de la oración

Support for
*The Parts
of Speech*

17.1 *Sustantivos y pronombres*

◆ Sustantivos

→ Concepto clave

Los **sustantivos** nombran personas, lugares o cosas.

Sustantivos concretos y abstractos

Los sustantivos abstractos se refieren a cosas que no tienen presencia física y por lo tanto no se pueden percibir con los sentidos.

Sustantivos singulares y plurales

Los sustantivos también pueden indicar número. Los sustantivos plurales se forman añadiendo –s o –es a la palabra en singular.

¡Compara!

En español hay sustantivos femeninos o masculinos. En inglés los sustantivos no tienen género gramatical.

Sustantivos colectivos

Los sustantivos que se refieren a grupos de personas o cosas se llaman sustantivos colectivos.

Sustantivos compuestos

Existen sustantivos formados por dos o más palabras que se combinan en una y se llaman sustantivos compuestos.

> En tu libro de texto en inglés aparecen unas tablas con los distintos tipos de sustantivos.

Sustantivos comunes y propios

Los sustantivos comunes nombran personas, lugares o cosas en general mientras los sustantivos propios nombran personas, lugares o cosas específicos.

¡Compara!

En inglés los días de la semana, los meses, los nombres de los idiomas y religiones se consideran sustantivos propios y por lo tanto se escriben con mayúscula.

¡Atención!
En inglés el plural de algunos sustantivos es irregular, es decir que no se forman agregando –s o –es al singular.

¡Recuerda!
Cuando no sepas con seguridad el significado de un sustantivo compuesto en inglés, busca su definición en el diccionario.

Practica ✐

1. Clasifica los siguientes sustantivos. Cada sustantivo puede pertenecer a más de una categoría.

Noun	Concrete	Abstract	Collective	Compound	Common	Proper
star						
meteorite						
Andromeda						
Astronomy						
infinite						
constellation						
team						
dragonfly						
fear						
sister in law						

2. Clasifica los siguientes sustantivos según sean singulares o plurales.

Noun	Singular	Plural
earthquakes		
rockets		
ignition		
courage		
mice		
skies		
telescopes		
nebula		
delegation		
Spaniards		

Aplica ✐

3. Escribe una descripción corta de lo que se puede ver en el cielo en una noche despejada. Procura usar todas las clases de sustantivos que puedas.

____

____

____

◆ Pronombres

➜ Concepto clave

Un **pronombre** reemplaza a un sustantivo o a una palabra que cumple esa función. El sustantivo que el pronombre reemplaza se llama antecedente.

Pronombres personales

Los pronombres personales ocupan el lugar de las personas.

En tu libro de texto en inglés aparece una tabla con los pronombres personales.

Pronombres reflexivos

Los pronombres reflexivos hacen recaer en el sujeto la acción del verbo.

Pronombres demostrativos

Los pronombres demostrativos se refieren a una persona, lugar o cosa determinada.

Pronombres relativos

Los pronombres relativos se usan al comienzo de una cláusula subordinada para relacionarla con otra parte de la oración.

Pronombres interrogativos

Los pronombres interrogativos se usan para comenzar una pregunta directa o indirecta.

Pronombres indefinidos

Los pronombres indefinidos se refieren a personas, lugares o cosas sin especificar cuáles.

En tu libro de texto en inglés aparecen unas tablas con los pronombres reflexivos, demostrativos, relativos, interrogativos e indefinidos.

Practica

1. Clasifica los siguientes pronombres. Cada pronombre puede pertenecer a más de una categoría.

Pronoun	Personal	Reflexive	Demonstrative	Relative	Interrogative
which					
their					
yourself					
that					
we					
whose					

2. Clasifica los siguientes pronombres según sean indefinidos o no.

Pronoun	Indefinite	Other
somebody		
each		
myself		
what		
nothing		
neither		
everyone		
those		

Aplica ✍

3. Escribe una descripción de una semana escolar. Usa pronombres para evitar la repetición innecesaria de sustantivos. Procura usar todas las clases de pronombres que puedas.

____

____

____

17.2 Verbos

→ Concepto clave

Un **verbo** es una palabra o un grupo de palabras que expresa tiempo a la vez que indica una acción, una condición o un hecho.

◆ Verbos de acción y verbos de enlace

Un verbo de acción indica una acción física o mental que alguien o algo realiza, realizó o realizará. Un verbo de enlace conecta al sujeto con otra palabra que lo identifica o describe.

¡Ojo!
Los verbos de enlace son siempre intransitivos.

Verbos de enlace de uso común

En tu libro de texto en inglés aparece una tabla con las formas del verbo *be*.

Otros verbos de enlace de uso común son:

appear	parecer
seem	
become	ponerse
grow	volverse
turn	
remain	permanecer
stay	quedarse

Practica ✎

Subraya los verbos de las oraciones siguientes. Escribe al lado de cada oración una A si se trata de un verbo de acción y una E si es un verbo de enlace.

a. Augustus spread the army throughout the empire._______________

b. In economic policy, he supported business and industry. _______________

c. In his times the roads were the arteries of the empire. _______________

d. He made taxation more equitable and had general censuses taken. _______________

e. He was also generous towards arts and letters. _______________

f. Augustus was a close friend of Maecenas and a patron of Virgil, Ovid, Livy, and Horace. _______________

◆ Verbos transitivos e intransitivos

➜ Concepto clave

Un verbo transitivo dirige su acción hacia algo o a alguien mencionado en la misma oración. Si la acción del verbo no se dirige a nada ni a nadie, el verbo es intransitivo.

Frases verbales

Cuando un verbo está formado por más de una palabra, se considera una frase verbal.

➜ Concepto clave

Una **frase verbal** es un verbo al que preceden uno, dos o tres verbos auxiliares.

¡Compara!

Existen verbos auxiliares tanto en inglés como en español. Sin embargo, son particulares del inglés ciertos verbos auxiliares como *do, does, did* que no existen en español.

Practica ✎

1. *Lee las oraciones siguientes. Haz un círculo alrededor de los verbos transitivos. Subraya los verbos intransitivos.*

a. My aunt keeps a diary.

b. The soloist played a classical piece.

c. Three major religions consider Jerusalem a holy city.

d. All morning the strange rumble grew louder.

e. My grandmother still talks about her childhood friends.

f. Several pages of the document were on file.

2. *Subraya las frases verbales que encuentres en las siguientes oraciones.*

a. We should have taken another route.

b. My parents will definitely not give us permission to go.

c. We enjoyed ourselves at the party.

d. The judges have already made their decision.

e. Have they opened their presents yet?

f. The president appointed a committee.

3. Haz el borrador de un ensayo de una solicitud de ingreso a la universidad. Procura usar verbos de acción y verbos de enlace, verbos transitivos y verbos intransitivos.

____

____

____

17.3 *Adjetivos y adverbios*

◆ Adjetivos

→ Concepto clave

Un **adjetivo** es una palabra que se usa para describir a un sustantivo o pronombre o para darle un significado más específico.

Artículos

Los tres adjetivos de uso común: *a, an* (un, una, unos, unas) y *the* (el, la, los, las) se llaman artículos. *A* y *an* son artículos indefinidos porque se refieren a un sustantivo indeterminado. *The* se refiere a un sustantivo en especial y por eso se llama artículo definido.

¡Compara!

En inglés los adjetivos suelen estar antes del sustantivo que modifican. ¡En español sucede lo contrario!

Practica ✍

Haz un círculo alrededor de los adjetivos que encuentres en el párrafo siguiente. Indica con una flecha cuál es la palabra que modifica cada uno.

Composite flowers are well adapted to semi-arid regions. The flowers are always grouped into an "inflorescence", called the head, that resembles a single flower. The numerous petals make the flower more conspicuous to insects and other predators. The composite family contains nearly 10 percent of all flowering plants.

Sustantivos usados como adjetivos

En inglés, los sustantivos pueden funcionar como adjetivos cuando preceden a otro sustantivo.

flower garden
jardín de flores

Adjetivos propios

Se consideran adjetivos propios a los sustantivos propios usados como adjetivos o a los adjetivos basados en sustantivos propios.

Monday morning
el lunes en la mañana

Adjetivos compuestos

Los adjetivos pueden ser compuestos.

water soluble
que puede disolverse en agua

¡Atención!
El artículo indefinido *a* (un, uno, una, unos) se usa antes de consonante.

¿Sabías que...
un adjetivo responde a una de las siguientes preguntas sobre el sustantivo o el pronombre que modifica?: ¿de qué clase?¿cuál? ¿cuántos(as)? ¿cuánto(a)?

¡Recuerda!
En inglés, los nombres de los días de la semana y de los meses del año, los nombres de los idiomas y los nombres de las religiones se consideran sustantivos propios.

Pronombres usados como adjetivos

Los pronombres funcionan como adjetivos cuando modifican a
un sustantivo.

> En tu libro de texto en inglés aparecen una tabla con
> distintos pronombres empleados como adjetivos.

Formas verbales usadas como adjetivos

Las formas verbales que se usan como adjetivos, llamadas
participios, suelen terminar en inglés en *–ing* o en *–ed*.

◆ Adverbios

→ Concepto clave

Un **adverbio** es una palabra que modifica a un verbo, a un
adjetivo o a otro adverbio.

> En tu libro de texto en inglés aparece una tabla con los
> distintos usos de los adverbios.

Sustantivos que funcionan como adverbios

Algunos sustantivos que responden a las preguntas ¿dónde? o
¿cuándo? pueden funcionar como adverbios.

¿Adverbio o adjetivo?

En inglés muchos adverbios se forman agregando al adjetivo la
terminación *–ly*: *bright, brightly* (brillante, brillantemente).

¡Compara!

Mientras en español casi todas las palabras terminadas en
"–mente" son adverbios, no sucede eso en inglés con las palabras
terminadas en *–ly*: *ugly* (feo) es un adjetivo.

¡Atención!
Una palabra es un
adjetivo cuando
modifica a un
sustantivo o a un
pronombre. Es un
adverbio cuando
modifica a un verbo, un
adjetivo u otro
adverbio.

Practica

**1. Subraya los adjetivos y haz un círculo alrededor de los adverbios de las
siguientes oraciones.**

a. Gardens in medieval Europe were generally small and enclosed within fortified walls.

b. Castles had a kitchen garden, a private ornamented garden, and a large grassy area for
entertaining the entire court.

c. Gardens in Renaissance Italy were extensively landscaped areas.

d. The architect designed both the garden and the house for a harmonious relationship
between the inside and outside.

Aplica

**2. Describe un jardín o un parque público o privado de tu comunidad. Cerciórate de
que tu descripción contenga adjetivos y adverbios.**

____

____

____

17.4 Preposiciones, conjunciones e interjecciones

Las preposiciones y las conjunciones tienen una función conectiva en la oración. Las preposiciones expresan relaciones entre palabras o ideas y las conjunciones unen palabras, grupos de palabras y oraciones. Las interjecciones funcionan por sí mismas, independientes de otras palabras de la oración.

◆ Preposiciones y frases preposicionales

➜ Concepto clave

Una **preposición** relaciona un sustantivo o un pronombre con otra palabra de la oración.

➜ Concepto clave

Una **frase preposicional** es un grupo de palabras que incluye una preposición y un sustantivo o pronombre. Ese sustantivo o pronombre es el complemento de la preposición. Una frase preposicional puede tener más de un complemento.

> En tu libro de texto en inglés aparece una tabla con preposiciones.

◆ ¿Preposición o adverbio?

Para saber si una palabra está usada como preposición o como adverbio, ten en cuenta que si la palabra tiene un complemento es una preposición, si no lo tiene es un adverbio.

¡Compara!

En inglés las preposiciones no se contraen con otras palabras. En español las preposiciones "a" y "de" se contraen con el artículo "el"; se forman así las contracciones "al" y "del".

Practica ✍

Subraya todas las frases preposicionales de las oraciones siguientes.

a. A group of travelers arrived by air.

b. They drove through the night to the next town.

c. I walked through the town in an hour and a half.

d. Near the hotel you will find a group of different shops.

e. The card shop is not far from the park.

f. The room in the attic is filled with old furniture.

◆ Conjunciones

→ Concepto clave

Una **conjunción** conecta palabras o grupos de palabras.

Conjunciones coordinantes Las siete conjunciones coordinantes (*and, but, for, nor, or, so, yet*) conectan entre sí partes de la oración o grupos de palabras gramaticalmente similares.

Conjunciones correlativas Las conjunciones correlativas unen elementos de la misma categoría gramatical.

Conjunciones de subordinación Las conjunciones de subordinación unen dos ideas completas y convierten a una de ellas en subordinada, o dependiente, de la otra.

> En tu libro de texto en inglés aparecen unas tablas con las conjunciones coordinantes, correlativas y de subordinación.

Adverbios conjuntivos Los adverbios conjuntivos indican comparaciones, contrastes, resultados y otras relaciones, y presentan una transición entre ideas completas.

> En tu libro de texto en inglés aparece una tabla con los adverbios conjuntivos.

◆ Interjecciones

Las interjecciones expresan emoción.

> En tu libro de texto en inglés aparece una tabla con interjecciones.

¡Compara!

Mientras en inglés es necesario usar sólo un signo de exclamación después de la interjección, en español se debe usar un signo de exclamación antes y otro después de la interjección.

Practica ✍

1. Subraya las conjunciones de las oraciones siguientes. Luego indica con una C las conjunciones coordinantes, con CR las correlativas y con una S las de subordinación.

a. Bob arrived late even though he caught an early flight. _______________

b. Not only is he a scholar, but he is also a fine athlete. _______________

c. Whether he wins or loses is not really important. _______________

d. Mother said she would write or phone in a couple of days. _______________

e. We visited the science museum while he was at the library. _______________

f. We left the party when we saw what time it was. _______________

¡Recuerda!

Las conjunciones son invariables.

¡Recuerda!

En una oración la cláusula subordinada siempre comienza con una conjunción de subordinación. Una cláusula subordinada puede estar antes o después de la cláusula principal de la oración.

2. Lee el párrafo siguiente. Indica con una P las preposiciones, con una A los adverbios, con una I las interjecciones y con una C las conjunciones.

The first images transmitted from the X-ray telescopes of the observatory were of an exploding star. Say, did you know that this star actually exploded 400 years ago, but its light is only now reaching the Earth? Not only did they capture a clear, detailed image of a supernova, they also found strong evidence that a black hole looms near its center. In addition to this, a second image shows a long stream of X-rays jetting from a quasar about 6 billion light years from Earth.

Aplica ✍

3. Escribe un breve diálogo entre tres o más personajes. Usa por lo menos tres interjecciones distintas, cuatro preposiciones y dos conjunciones.

____

____

____

17.5 Repaso de las partes de la oración

En inglés las palabras son flexibles. Una misma palabra puede tener diferentes funciones.

→ Concepto clave

El papel que desempeña una palabra en la oración depende del uso que se le da.

> En tu libro de texto en inglés aparece una tabla que te ayudará a reconocer las distintas funciones de las palabras en la oración.

¡Compara!

En inglés una misma palabra puede desempeñar diversas funciones en la oración. En español las palabras tienen forman distintas: *fish* (pescado), *I fish* (yo pesco).

Practica ✍

1. Indica en el espacio en blanco qué parte de la oración es la palabra subrayada.

a. Volcanic explosions rock the area around <u>them</u>. _______________________________

b. Lava <u>escapes</u> from cracks called fissures. _______________________________

c. The lava floods <u>from</u> the fissures, which may be miles long. _______________________

d. It pours <u>down</u> the mountain. _______________________________

e. As the lava continues to move <u>down</u>, it begins to cool. _______________________

f. <u>Cooling</u> lava cracks into hexagonally shaped pillars. _______________________

Aplica ✍

2. Revisa un párrafo de una tarea que tengas en tu carpeta. Determina qué parte de la oración es cada palabra.

____

____

____

Partes básicas de la oración

Support for
Basic
Sentence Parts

18.1 Sujetos y predicados

→ Concepto clave

Una **oración** es un grupo de palabras con dos partes
principales: un sujeto completo y un predicado completo.
Juntas, estas partes expresan un pensamiento completo.

◆ Sujetos y predicados simples

→ Concepto clave

El **sujeto simple** es el sustantivo, pronombre o grupo de
palabras esenciales que no pueden omitirse del sujeto completo.
El **predicado simple** es el verbo o la frase verbal esencial que no
puede omitirse del predicado completo.

¿Sabías que...
en algunas oraciones
una parte del predicado
puede estar antes del
sujeto?

Practica ✍

Separa con un trazo vertical el sujeto y el predicado de las oraciones siguientes.

a. Mosquitoes inhabit most areas of the world.

b. Their nasty bites cause swelling and itching.

c. Mosquitoes transmit a number of diseases.

d. Many viral and bacterial infections can result from mosquito bites.

e. The females need protein for the production of eggs.

◆ Fragmentos

Un grupo de palabras al que le falta el sujeto completo o el
predicado completo no constituye una oración, y se llama fragmento.
Los fragmentos se consideran errores en el lenguaje escrito.

¡Recuerda!
Los fragmentos no
representan un
problema en la
conversación.

> En tu libro de texto en inglés aparece una tabla con
> fragmentos y oraciones completas.

Cómo hallar el sujeto y el verbo Si quieres verificar que en lo
que escribes no haya fragmentos, busca los sujetos y los verbos
de las oraciones.

Más de un sujeto o verbo Una oración puede tener dos o más
sujetos o verbos.

→ Concepto clave

Un **sujeto compuesto** consiste en dos o más sujetos, unidos por
una conjunción como *and* (y) u *or* (o), que tienen el mismo verbo.

→ **Concepto clave**

Un **verbo compuesto** consiste en dos o más verbos, unidos por una conjunción como *and* (y) u *or* (o), que tienen el mismo sujeto.

¡Compara!

En inglés, cuando en un sujeto compuesto hay más de dos sustantivos se pone una coma antes de las conjunciones *and* (y) y *or* (o). Lo mismo pasa en el caso de un predicado compuesto con más de dos verbos. En español esa coma no es necesaria.

Practica ✍

1. *Subraya las partes de cada sujeto compuesto y cada predicado compuesto de las oraciones siguientes.*

a. Beetles and other insects are studied by entomologists.

b. In recent years, medical research and agricultural planning have driven entomology further into the scientific mainstream and made it the largest branch of zoology.

c. Rain forests, swamps, and other delicate ecosystems are being explored for their exotic insect species.

Aplica ✍

2. *En el cuento <u>La Metamorfosis</u> de Franz Kafka, el protagonista se despierta una mañana y ve que se ha convertido en una enorme cucaracha. Imagina que te pasa lo mismo y te ves transformado en un insecto gigantesco. Escribe una breve descripción de tu experiencia. Usa oraciones completas para comunicar esa experiencia en forma clara y dramática.*

____

____

____

18.2 Sujetos difíciles de identificar

La posición del sujeto respecto al verbo puede variar según la clase de oración de que se trate.

El sujeto en una oración declarativa

En la mayoría de las oraciones declarativas el sujeto está antes del verbo.

Oraciones que comienzan con *there* o *here*

Cuando *there* o *here* están al comienzo de una oración declarativa se suelen confundir con el sujeto de la oración.

Oraciones inversas

Hay oraciones declarativas en las que el sujeto está después del verbo para hacer resaltar algún detalle en especial.

En tu libro de texto en inglés aparece una tabla con oraciones que comienzan con *here* y *there* y otra con oraciones inversas.

¡Compara!

El uso de *there is* en inglés es similar al uso del verbo "haber" en
forma impersonal en español. En ambos idiomas se puede
expresar tiempo: *there is, there was, there will be* (hay, había,
habrá). Sin embargo, en español el verbo cambia de tiempo pero
no de persona. En cambio, en inglés el sujeto del verbo aparece
después del verbo y se hace la distinción entre el singular y
plural. Lee los siguientes ejemplos.

There was one train.   Había un tren.
There were many trains.   Había muchos trenes.

Practica ✍

Subraya el sujeto de las oraciones siguientes.

a. Here are our backpacks!

b. Next to your backpack there is a chocolate bar.

c. There are some more things under the table.

d. Near the window there is a box of tissues.

e. There is your traveling guide.

f. About two miles down the road there is a big hotel.

El sujeto en una oración interrogativa

Muchas oraciones interrogativas siguen el orden común de
sujeto/verbo. Sin embargo, cuando se hace una pregunta el
sujeto suele ir después del verbo o estar entre un verbo auxiliar y
el verbo principal.

El sujeto en una oración imperativa

Cuando en una oración se le ordena o pide a alguien que haga
algo el sujeto suele estar sobreentendido o implícito.

El sujeto en una oración exclamativa

En las oraciones exclamativas el sujeto puede estar antes del
verbo o estar sobreentendido.

> En tu libro de texto en inglés aparece una tabla con
> oraciones interrogativas, una con oraciones imperativas y
> otra con oraciones exclamativas.

Practica ✍

**1. Halla el sujeto de cada una de las oraciones siguientes. Escríbelo en el espacio
en blanco.**

a. Give me my camera, please. _______________________________________

b. Which one is your camera? _______________________________________

c. How many pictures have you taken? _______________________________

d. Quiet, please! ____

e. What a good picture this one is! __________________________________

2. Haz un círculo alrededor del sujeto de cada una de las oraciones siguientes. Si el sujeto o el verbo están implícitos, escríbelos en el espacio en blanco.

a. Wait for me! ____

b. Can you walk any faster? _______________________________

c. Don't rush me! ____

d. Why should I run? ____

e. Faster, faster! ____

f. Having fun? ____

Aplica ✍

3. Considera las distintas personas que trabajan en los trenes, por ejemplo el conductor, el maquinista, el jefe de estación o el jefe de mantenimiento. Escribe un párrafo sobre cuál de estos trabajos piensas que podrías desempeñar y por qué. Usa los diferentes tipos de oraciones descritos.

____

____

____

18.3 Complementos

➜ Concepto clave

Un **complemento** es una palabra o grupo de palabras que completa el significado del predicado de una oración.

◆ Complementos directos

➜ Concepto clave

Un **objeto directo** es un sustantivo, pronombre o grupo de palabras que funciona como un sustantivo y que recibe la acción de un verbo transitivo.

> **¡Atención!**
> El complemento de una preposición no puede ser el complemento directo.

Practica ✍

Traza una línea entre las dos columnas para completar las oraciones de la izquierda con el complemento directo adecuado.

a. In science we studied   information

b. The students had   a report

c. The teacher answered   some research

d. They also did   space travel

e. We all gathered   many questions

f. At the end we wrote   all of them

◆ Objetos indirectos

➜ Concepto clave

Un **objeto indirecto** es un sustantivo o un pronombre que
aparece en una oración que tiene un complemento directo, e
indica a quién o para quién se realiza la acción.

◆ Complemento del complemento directo

➜ Concepto clave

Un **complemento del complemento directo** es un adjetivo o
sustantivo que acompaña a un complemento directo y lo
describe o vuelve a mencionar.

◆ Complementos del sujeto

➜ Concepto clave

Un **complemento del sujeto** es un sustantivo, pronombre o
adjetivo que acompaña a un verbo de enlace y dice algo del sujeto.

Predicado nominal

➜ Concepto clave

Un **predicado nominal** es un sustantivo o pronombre que
acompaña a un verbo de enlace e identifica, vuelve a mencionar
o explica el sujeto.

Predicado adjetivo

➜ Concepto clave

Un **predicado adjetivo** es un adjetivo que acompaña a un verbo
de enlace y describe el sujeto de la oración.

¡Compara!

Tanto en inglés como en español los complementos indirectos
pueden ser sustantivos o pronombres. En español es común
usar un doble complemento indirecto.

I gave it to him.   Yo <u>se</u> lo di <u>a él</u>.

Practica ✍

**1. *Identifica si las palabras subrayadas son complementos directos (OD), complementos
indirectos (OI) o complementos de una preposición (OP).***

a. Congress granted <u>NASA</u> <u>funds</u> for the <u>spacecraft</u>.

NASA: ___________   funds: ___________   spacecraft: ___________

b. NASA presented the <u>country</u> its first <u>shuttle</u> in 1981.

country: ___________   shuttle: ___________

c. At first, the space shuttle deployed <u>satellites</u> into <u>orbit</u>.

satellites: ___________   orbit: ___________

d. NASA now keeps four <u>shuttles</u> in <u>operation</u>.

shuttles: ___________   operation: ___________

¡Recuerda!
Todos los
complementos pueden
ser compuestos.

                    Spanish-Speakers' Handbook   **69**

2. *Subraya los predicados nominales y adjetivos. Escribe luego en el espacio correspondiente PN si se trata de un predicado nominal y PA si se trata de predicado adjetivo.*

a. Our counselor often seems distracted. _______________________________________

b. Through his own efforts he had become our captain. _______________________

c. His chief interest has always been his job. _______________________________

d. The architect's plan for the new museum is impressive. _________________

e. The inspector considered the plan a masterpiece. _____________________

Aplica ✍

3. *Escribe un breve relato sobre viajes espaciales. Subraya todos los complementos que uses.*

____

____

____

Frases y cláusulas

19.1 *Frases preposicionales y aposiciones*

→ Concepto clave

Una **frase** es un grupo de palabras que funciona como una parte de la oración.

◆ Frases preposicionales

Una frase preposicional está formada por una preposición y un sustantivo o pronombre.

Frases adjetivas

→ Concepto clave

Una **frase adjetiva** es una frase preposicional que modifica a un sustantivo o a un pronombre.

Practica ✑

Subraya las frases preposicionales. Indica con una O el complemento de la preposición.

a. Many of the world's caves have been discovered by accident.

b. A famous cave in France was discovered by four boys looking for a lost dog.

c. At one point, the dog ran over a hill, but he did not return.

d. On a warm June day, a cowboy noticed a huge dark cloud.

e. It was actually an enormous swarm of bats coming from a large cave.

Frases adverbiales

→ Concepto clave

Una **frase adverbial** es una frase preposicional que modifica a un verbo, a un adjetivo o a otro adverbio.

◆ Aposiciones y frases apositivas

→ Concepto clave

Una **aposición** es un sustantivo o pronombre que explica otro sustantivo.

→ Concepto clave

Una **frase apositiva** es un sustantivo o pronombre acompañado de modificadores.

¡Atención!
Además de comas, se pueden usar también punto y coma o rayas para marcar una aposición.

Practica ✍

1. *Haz un círculo alrededor de las aposiciones y las frases apositivas de las oraciones siguientes. Subraya las palabras que modifican.*

a. The Ice Cave near Grants, a small town in New Mexico, attracts many tourists.

b. The temperature in the cave never gets above 32° F, the freezing point of water.

c. As rainwater and snow melt seep into the cave, its floor (a solid block of ice) continues to thicken.

d. Pueblo Indians, who explored the cave, named it "Winter Lake".

Aplica ✍

2. *Escribe un pasaje descriptivo sobre una escena al aire libre. Usa aposiciones, frases adjetivas y frases adverbiales para detallar y ubicar la escena que hayas escogido.*

19.2 Verboides y frases verbales

➜ Concepto clave

Un **verboide** es una palabra derivada de un verbo que se usa como sustantivo, adjetivo o adverbio.

◆ Participios y frases con participios

➜ Concepto clave

Un **participio** es una forma del verbo que puede funcionar como un adjetivo.

Participio presente: termina en *–ing*.

Participio pasado: suele terminar en *–ed*.

Participio perfecto: *having*, o *having been* más el participio pasado.

> **¿Sabías que...**
> no todos los verbos en participio pasado terminan en *-ed*.

> En tu libro de texto en inglés aparece una tabla con los participios.

➜ Concepto clave

Una **frase con participio** consiste en un participio modificado por un adverbio, una frase adverbial, o un complemento. La frase entera funciona como un adjetivo.

➔ Concepto clave

El **nominativo absoluto** es un sustantivo o pronombre seguido por un participio o frase con participio que funciona en forma aislada del resto de la oración.

Precious minutes having been lost, I decided to call the fire department.

Después de haber perdido unos minutos preciosos, decidí llamar a los bomberos.

Practica ✑

Subraya las frases con participios de las oraciones siguientes. Haz un círculo alrededor de las palabras que modifican.

a. Groping in the drawer, she found a flashlight.

b. Told to report at once, I knocked on the principal's door.

c. Dismayed at the news, the old man began to cry.

d. The figures, computed with amazing speed, proved accurate.

e. Jogging rapidly, the firefighter circled the dam.

f. Having won, the tennis player accepted the trophy.

◆ Gerundios y frases con gerundio

➔ Concepto clave

Un **gerundio** es una forma del verbo que termina en *-ing* y funciona como un sustantivo. Una **frase con gerundio** es un gerundio con modificadores o con un complemento que funciona como un sustantivo.

◆ Infinitivos y frases con infinitivo

➔ Concepto clave

Un **infinitivo** es una forma del verbo que suele estar precedida por la palabra *to* y funciona como sustantivo, adjetivo o adverbio. Una **frase con infinitivo** es un infinitivo con modificadores.

¡Atención!
Algunos infinitivos en inglés no van precedidos de *to*.

En tu libro de texto en inglés hay una tabla de frases con gerundios y otra de frases con infinitivos.

Practica ✑

1. *Subraya las frases con gerundio que encuentres en las oraciones siguientes.*

a. Firefighters are often seen ascending ladders.

b. Handling a fire hose is difficult.

c. An important part of their job is rescuing people.

d. Risking their lives is a regular part of firefighter's jobs.

e. Battling arson grows more expensive every year.

f. I contacted the fire department by dialing quickly.

2. Haz un círculo alrededor de las frases con infinitivo de las oraciones siguientes. Subraya los infinitivos.

a. Initially, it was difficult to perceive the fire as a threat.

b. To make matters worse, a strong wind propelled the fire with great speed.

c. The town's only fire engine was called to stop the flames.

d. The firemen struggled to remain objective.

e. They were quick to realize that they could not save the town.

f. To save their own lives, the firemen fled to the river.

Aplica ✍

3. Describe un incendio u otro accidente. Usa varios tipos de frases verbales para que tu párrafo sea más interesante y descriptivo.

____

____

____

19.3 Cláusulas

→ Concepto clave

Una **cláusula** es un grupo de palabras con su propio sujeto y un verbo.

- Una **cláusula independiente** tiene un sujeto y un verbo y funciona por sí misma como una oración completa.
- Una **cláusula subordinada** no puede funcionar por sí misma como una oración completa; es sólo parte de una oración.

◆ Cláusulas adjetivas

→ Concepto clave

Una **cláusula adjetiva** es una cláusula subordinada que modifica a un sustantivo o a un pronombre.

> **¡Ojo!**
> Algunas cláusulas adjetivas son necesarias para la oración, no las separes con comas.

Practica ✍

Haz un círculo alrededor de las cláusulas adjetivas de las oraciones siguientes. Subraya el pronombre o adverbio relativo con el que comienzan.

a. This is the restaurant which was described in the magazine.

b. The story that she told is hardly plausible.

c. It is Robert whose invitation was lost.

d. This is the friend of whom I have spoken.

e. Our governor, who has a large private income, travels often.

f. Grandfather saves stamps which portray different animals.

➜ **Concepto clave**

Los **pronombres relativos** conectan cláusulas adjetivas a las
palabras que modifican y funcionan a su vez como sujetos,
objetos de preposiciones, o adjetivos.

> En tu libro de texto en inglés aparece una tabla con las
> funciones de los pronombres relativos.

◆ Cláusulas adverbiales

➜ **Concepto clave**

Una **cláusula adverbial** es una cláusula subordinada que
modifica a un verbo, un adjetivo, un adverbio o un verboide.

> En tu libro de texto en inglés aparece una tabla con
> cláusulas adverbiales.

◆ Cláusulas sustantivas

➜ **Concepto clave**

Una **cláusula nominal** es una cláusula subordinada que
funciona en una oración como un sustantivo.

> En tu libro de texto en inglés aparece una tabla con las
> funciones de las cláusulas nominales y otra con las palabras
> que las introducen.

¡Atención!
Trata de colocar la
cláusula adverbial tan
cerca como sea posible
de la palabra a la que
modifica.

Practica ✍

***1. Subraya las cláusulas adjetivas de las oraciones siguientes. Haz un círculo
alrededor de la palabra introductoria. Subraya una vez el sujeto de la cláusula y dos
veces el verbo.***

a. It is they who are responsible.

b. The book which she asked for is very expensive.

c. The clown who is in the center ring is the funniest.

d. This is the friend of whom I have spoken.

e. Is this the time that we have waited for?

f. The man whose checks are lost looks very unhappy.

***2. Haz un círculo alrededor de las cláusulas nominales de las siguientes oraciones.
Escribe al lado de cada oración la función que desempeña la cláusula en la oración.***

a. We won't predict what the results will be. _______________________________________

b. We gave whoever volunteered a list of instructions. _______________________________

c. A quick promotion is what he expects. ____

d. I will discuss the plan with whoever wishes to do so. _____________________________

e. The company's goals are what we will discuss now. _______________________________

f. Her major problem is whether she can go at all. ___________________________________

3. Escribe una corta biografía de algún pariente o amigo. Agrega detalles y proporciona datos sobre su carácter mediante el uso de los tipos de frases y cláusulas que aparecen en este capítulo.

____

____

____

19.4 Clasificación de las oraciones según su estructura

Las oraciones se clasifican según el número y el tipo de cláusulas que contienen. Las oraciones pueden ser:

- simples
- compuestas
- complejas
- compuestas complejas

> En tu libro de texto en inglés aparece una tabla con las cuatro estructuras de las oraciones.

¡Compara!

Tanto en inglés como en español, una cláusula subordinada puede comenzar, finalizar o estar en medio de la cláusula independiente.

Practica ✍

1. Lee las siguientes oraciones y subraya los verbos. Si se trata de una oración compuesta indícalo con una C. Si es una oración compleja usa una X.

a. The camper was packed, so we were ready to leave. _______________

b. There were signs of storm in the sky, but everybody decided not to worry. _______________

c. The camper held everything we would need for our vacation. _______________

d. After we traveled about twenty miles, the clouds burst open and it started to rain. _______________

e. My dog, who is always scared of storms, was barking furiously at every sound of thunder. _______________

Aplica ✍

2. Revisa un ensayo de estudios sociales que hayas escrito. Vuelve a escribir las oraciones y combínalas para formar oraciones compuestas, complejas o compuestas complejas.

____

____

____

CAPÍTULO 20

Oraciones efectivas

20.1 *Las cuatro funciones de la oración*

En inglés hay cuatro tipo de oraciones: declarativas, interrogativas, imperativas y exclamativas.

* Una **oración declarativa** enuncia una idea y termina con un punto.
* Una **oración interrogativa** hace una pregunta y termina con un signo de interrogación.
* Una **oración imperativa** da una orden o indicación y termina con un punto o con un signo de exclamación. La mayoría de las oraciones imperativas comienzan con un verbo. El sujeto sobreentendido es *you*.
* Una **oración exclamativa** transmite emoción intensa y termina con un signo de exclamación.

¿Sabías que...
la palabra imperativo está relacionada con la palabra emperador, una persona que da órdenes?

¡Compara!

Los cuatro tipos de oraciones fundamentales son los mismos en inglés que en español. Hay diferencias, sin embargo, en cuanto a la puntuación de las oraciones interrogativas, imperativas y exclamativas. En español es necesario también un signo al principio de la oración.

Practica

1. *Lee las siguientes oraciones y clasifícalas en declarativas (D), interrogativas (I), imperativas (Im) y exclamativas (Ex).*

a. Visit Buckingham Palace when you go to England! _______________

b. George III originally bought it in 1761 as a home for his family. _______________

c. Did the renovation really cost nearly half a million pounds? _______________

d. Did his niece Victoria make certain changes to the palace? _______________

e. George IV never got to live in the palace. _______________

f. It's amazing that the renovation was 50,000 pounds under budget! _______________

Aplica

2. *Piensa en una atracción turística que hayas visitado. Escribe un párrafo para una guía turística sobre ese sitio. Incluye los cuatro tipos de oraciones en tus comentarios. Usa la puntuación adecuada para cada uno.*

____

____

____

20.2 Combinación de oraciones

→ **Concepto clave**

Las oraciones pueden combinarse por medio de **un sujeto compuesto**, **un verbo compuesto** o **un complemento compuesto**.

→ **Concepto clave**

Las oraciones pueden combinarse uniendo dos cláusulas independientes para formar una **oración compuesta**.

Las dos cláusulas independientes pueden unirse con una coma y una conjunción coordinante: *and* (y), *or* (o), *but* (pero), *for* (porque, ya que), *nor* (ni), *yet* (pero, sin embargo), *so* (así que, pues), o con un punto y coma.

¡Compara!

Para combinar oraciones se siguen las mismas reglas en inglés que en español. Sin embargo, en español se suelen escribir oraciones más largas.

→ **Concepto clave**

Las oraciones pueden combinarse si se cambia una de ellas a una frase.

Practica ✍

1. Combina las siguientes oraciones para formar una oración compuesta o una oración compleja, según se indica entre paréntesis.

a. Emperor Claudius had invaded Britain in A.D. 43. His army easily conquered Celtic tribes there. (coma y conjunción)

____

b. Under Roman rule, many new towns sprang up. London developed into a prosperous port city. (coma y conjunción)

____

c. The Romans abandoned Britain in 410. They left behind a superb network of roads. (*when*)

____

d. Warriors from Ireland, Scotland, and Germany invaded Britain. The Romans left the island. (*after*)

____

Aplica ✍

2. Escribe una breve descripción de un conocido mandatario mundial con oraciones cortas. Luego vuelve a escribirla combinando las oraciones cortas en oraciones más largas.

____

____

____

20.3 *Oraciones variadas*

◆ Oraciones de distinto tamaño

Las oraciones cortas y directas sirven para enfatizar un punto en especial o sorprender al lector.

◆ Comenzar las oraciones de forma diferente

Otra forma de crear variedad en las oraciones es comenzarlas con una parte diferente de la oración como un sustantivo, un adverbio, un participio o una frase preposicional. El comienzo de una oración también se puede variar invirtiendo el orden tradicional de sujeto y verbo.

¡Compara!

En inglés es correcto comenzar una oración con el participio presente (la forma del verbo terminada en *–ing*). En español se usa una frase preposicional o una cláusula subordinada.

Adding to her problems was an attack by a fleet of Spanish ships. <u>Para agravar sus problemas</u>, una flota de barcos españoles lanzó un ataque.

Practica ✍

1. *Vuelve a escribir estas oraciones largas. Simplifícalas o forma dos oraciones más cortas.*

a. Born Alexandrina Victoria on May 24, 1819, Queen Victoria was the only daughter of Edward, Duke of Kent, fourth son of George III.

____

____

____

b. Victoria's marriage to Albert was an arranged marriage, but the couple loved each other very much, and she became very depressed when he died in 1861.

____

____

____

Aplica ✍

2. *Escribe un párrafo corto acerca de un líder político. Usa oraciones largas y cortas.*

____

____

____

20.4 Cómo evitar fragmentos y oraciones superpuestas

◆ Cómo evitar fragmentos

→ Concepto clave

Un **fragmento** es un grupo de palabras que, a pesar de tener la misma puntuación que una oración, no expresa una idea completa. Para corregir un fragmento puedes:

- Unirlo con una oración.
- Agregarle el elemento necesario para convertirlo en una oración completa.
- Ponerlo como la cláusula subordinada de una cláusula independiente.

¡Compara!

Tanto en inglés como en español se puede confundir una frase sustantiva (un sustantivo con sus modificadores) con una oración completa. Si se quiere usar una frase sustantiva como sujeto, es necesario un verbo. Si se quiere usar como complemento, es necesario un sujeto y un verbo.

Practica ✍

Lee los siguientes fragmentos. Escribe al lado de cada uno lo que le falta para ser una oración completa (verbo, sujeto, sujeto y verbo, oración principal).

a. If we get tickets. _______________________________________

b. To see the new ballet. _______________________________________

c. Will be at the rehearsal. _______________________________________

d. Teaching children to dance. _______________________________________

e. Found behind the stage. _______________________________________

f. In the hall closet. _______________________________________

◆ Cómo evitar las oraciones superpuestas

Una **oración superpuesta** consiste en dos o más oraciones que están escritas como si fueran una.

→ Concepto clave

Una oración superpuesta se puede corregir por medio de la puntuación y de conjunciones que unan o separen correctamente las oraciones.

Existen dos tipos de oraciones superpuestas: oraciones fusionadas, con dos o más oraciones sin puntuación que las separe, o empalmes con coma, donde las oraciones están unidas por comas en lugar de comas y conjunciones.

> En tu libro de texto en inglés aparece una tabla con las cuatro maneras de corregir las oraciones superpuestas.

¡Recuerda!
Una oración debe tener un sujeto y un verbo y expresar una idea completa.

¡Recuerda!
Si lees tu trabajo en voz alta, podrás encontrar las oraciones superpuestas más fácilmente.

Practica ✍

1. Corrige las siguientes oraciones superpuestas usando un signo de puntuación o la conjunción coordinante adecuada para separarlas.

a. The first bus was an hour late the second was on time.

____

b. Julie never cared for city life, I just don't know why.

____

c. There are three possibilities I don't like any of them.

____

d. The new mall will contain sixty shops enclosed parking will be nearby.

____

Aplica ✍

2. Escribe un párrafo acerca de un espectáculo que hayas visto. Escribe oraciones completas con distintas estructuras. Incluye detalles sobre la función, los ejecutantes y el público.

____

____

____

20.5 Modificadores mal colocados o sin referentes

→ Concepto clave

Un **modificador mal colocado** parece modificar una palabra que no le corresponde. Un **modificador sin referente** no modifica ninguna palabra de la oración.

Para corregir modificadores mal colocados se debe colocar el modificador lo más cerca posible de la palabra que modifica.

¡Compara!

Si bien el concepto de modificadores es el mismo en inglés y en español, el problema de los modificadores mal colocados o sin referente es más común en inglés. Los adjetivos en inglés no tienen ni género ni número y por lo tanto es más difícil saber a qué palabra se refieren.

Practica ✍

Subraya el modificador de cada una de las oraciones siguientes. Si está bien colocado indícalo con una C. Si está mal colocado, escribe una I.

a. The city has to be San Francisco with the Golden Bridge. _______________

b. Bill wants a hamburger and coffee cooked well done. _______________

c. Marie gave her TV to her sister with remote control. _______________

d. When Mrs. Smith was ninety years old, her granddaughter planned a picnic in the park. _______________

20.6 *Paralelismo erróneo*

→ Concepto clave

El **paralelismo** es la presentación de ideas semejantes mediante palabras, frases o cláusulas de tipo similar.

Para corregir un paralelismo erróneo hay que volver a escribir la oración.

En tu libro de texto en inglés aparecen dos tablas con correcciones de paralelismos erróneos en series y en comparaciones.

20.7 *Coordinación errónea*

Cuando dos o más cláusulas independientes de distinta importancia están unidas por la conjunción *and* (y) se considera que existe una coordinación errónea.

→ Concepto clave

Una forma de corregir la coordinación errónea es separar las cláusulas y suprimir la conjunción. Otra forma es transformar las ideas menos importantes en cláusulas subordinadas o en frases.

Practica ✍

1. *Lee las siguientes oraciones. Si la coordinación es correcta, escribe una C en el espacio correspondiente. Si no lo es, escribe una E.*

a. My grandfather always enjoyed puttering around the house, and he now lives in Montana. _______________________

b. Amelia Earhart won the love of many Americans through her courageous early flights. She never returned from her last flight. _______________________

c. World War II brought out a high degree of patriotism, and the war lasted for half a decade. _______________________

d. Lindbergh flew the *Spirit of St. Louis* on "goodwill" tours, and he flew 22,000 miles. _______________________

Aplica ✍

2. *Imagina que eres periodista y que tienes que escribir un artículo sobre una exhibición aérea. Describe los aviones que se exhiben y las hazañas que realizan los pilotos. Varía la estructura de tus oraciones y usa la coordinación adecuada.*

____

____

____

21.1 *Tiempos verbales*

➜ Concepto clave

Un **tiempo verbal** es la forma del verbo que indica el momento de una acción, estado o condición.

◆ Los seis tiempos verbales

En inglés hay seis tiempos verbales. Cada uno de estos tiempos tiene por lo menos dos formas: la forma básica y la forma durativa o progresiva.

> En tu libro de texto en inglés aparecen unas tablas con las formas de los verbos.

¡Compara!

En inglés se necesitan verbos auxiliares para formar el interrogativo y negativo de los verbos en el presente (*do*) y en el pasado (*did*). ¡Eso no es necesario en español!

Did you visit the Great Wall of China?
¿Visitaste la Gran Muralla China?

¿Sabías que...
existe en inglés una forma verbal que se llama forma enfática?
I do want to go.

Practica ✍

Al lado de cada oración indica en qué tiempo está el verbo subrayado.

a. Leonore has finished her term paper already. _______________________

b. She does really work hard! _______________________

c. We will be having a party later to celebrate. _______________________

d. We had been planning a picnic. _______________________

e. My brother was waiting anxiously for the occasion. _______________________

f. He waited for almost a month. _______________________

◆ Las cuatro partes principales de los verbos

➜ Concepto clave

Un verbo tiene cuatro partes principales: el presente, el participio presente, el pasado y el participio pasado.

> En tu libro de texto en inglés aparece una tabla con las cuatro partes principales de los verbos.

◆ Verbos regulares e irregulares

En un **verbo regular** el pasado y el participio pasado se forman agregando *–ed* o *–d* al presente.

En un **verbo irregular** el pasado y el participio pasado no se forman agregando *–ed* o *–d* al presente.

> En tu libro de texto en inglés aparecen dos tablas con verbos irregulares.

◆ La conjugación de los verbos

→ Concepto clave

Una **conjugación** es una lista completa de las formas singulares y plurales de un verbo en un tiempo verbal determinado.

> En tu libro de texto en inglés aparece una tabla con la conjugación del verbo *go*, ir.

¡Compara!

En inglés el verbo *be* (ser, estar) se usa como auxiliar para formar los tiempos durativos y *have* (tener), para formar los tiempos perfectos. El participio presente de *be* es *being* y se traduce con el gerundio (siendo o estando). El participio pasado es *been* (sido, estado).

Practica ✍

1. *Escribe la forma correcta de los verbos entre paréntesis de las siguientes oraciones.*

a. The Spanish city, divided up among 88 of Pizarro's men who (choose) ___________ to remain as settlers, was (found) ___________ in 1584.

b. Within a year power struggles between the colonists (reach) ___________ the point of open violence.

c. Serious trouble was averted when their main rival, Almagro, (leave) ___________ to head an expedition to Chile.

d. With him out of the way, the Pizarros (be) ___________ free to abuse the Inca and his subjects, which eventually (provoke) ___________ Manco to open resistance.

2. *Indica si la forma subrayada del verbo es el presente, el pasado, el participio presente o el participio pasado:* present, past, present participle, past participle.

a. During Inca times Cuzco <u>was</u> an important place of pilgrimage. ___________________

b. In 1438 Cuzco <u>became</u> the center of an expanding empire. ___________________

c. Still today hundreds of tourists <u>arrive</u> in the city daily. ___________________

d. The valley was home to the Inca tribe, one of the many <u>localized</u> warlike groups then <u>dominating</u> the Peruvian Sierra. ___________________ ___________________

e. The Spaniards were astonished—the city's beauty surpassed anything they had <u>seen</u> before in the New World. ___________________

> **¡Ojo!**
> Ten cuidado con la ortografía de los verbos terminados en consonante.

> **¡Recuerda!**
> La mejor manera de aprenderse los verbos irregulares es usándolos.

Aplica ✍

3. Imagina que eres un periodista deportivo. Escribe tu pronóstico de lo que logrará el equipo local esta temporada.

____

____

____

21.2 *El uso correcto de los tiempos*

Presente Las tres formas del presente (el presente, el presente durativo y el presente enfático) indican tanto acciones o estados del presente como acciones o estados que se reiteran.

> En tu libro de texto en inglés aparecen unas tablas con los usos del presente.

Pasado Las siete formas que expresan el pasado indican una acción o estado que comenzó en el pasado.

> En tu libro de texto en inglés aparecen unas tablas con los usos de los verbos en pasado.

¡Compara!

Mientras que en inglés existen tres formas del presente: el presente, el presente durativo y el presente enfático, en español sólo hay dos. El presente enfático no existe en español.

Practica ✍

1. *Primero en español*

Subraya los verbos que están en presente. Haz un círculo alrededor de los verbos que están en pasado.

a. La policía está investigando el caso desde hace un año.

b. Comenzaron la investigación en febrero del año pasado.

c. Después de dos meses sólo habían interrogado a un sospechoso.

d. Han estado tratando de encontrar más testigos.

e. No quieren hacer públicos los resultados de su investigación.

f. ¡Es una pena!

2. *Ahora en inglés*

Al lado de cada oración indica si el verbo está en presente o pasado: *present, past.*

a. In her youth, the pianist went to study abroad. _______________

b. He is still playing in spite of his age. _______________

c. His last performance was a big success. _______________

d. Ann had been studying with him before her first concert. _______________

e. Are you taking piano classes now? _______________

f. You have been asking me the same question over and over again. _______________

Futuro Las cuatro formas del futuro indican acciones o estados
que tendrán lugar en el futuro.

> En tu libro de texto en inglés aparecen unas tablas con los
> verbos en futuro.

◆ Secuencia de tiempos

La secuencia de tiempos debe mantenerse en una oración que
tiene más de un verbo. En una oración compleja o compuesta
compleja, el tiempo del verbo principal suele determinar el
tiempo del verbo de la claúsula subordinada.

> En tu libro de texto en inglés aparecen unas tablas con el
> uso de los verbos para expresar sucesos en oraciones
> compuestas y complejas.

◆ Modificadores para precisar el tiempo de un verbo

Los adverbios como *always* (siempre) o *frequently*
(frecuentemente) y frases como *last week* (la semana pasada) o
now and then (de vez en cuando) sirven para aclarar el tiempo al
que se refiere un verbo.

¡Compara!

En inglés la preposición *to* se usa con la forma básica del verbo
para formar el infinitivo. En español los verbos en infinitivo
tienen una terminación especial: -ar, -er, -ir.

Practica ✍

**1. *Todas las oraciones siguientes indican sucesos simultáneos. Escoge el verbo entre
paréntesis adecuado para completarlas.***

a. If you go anywhere in the jungle, you (were, are) likely (to stop off, to have stopped off) at a
tribal village for at least a half-hour or so.

b. You will get more out of the visit the more you (knew, know) about the people who (live,
were living) there.

c. You sometimes see a small group of natives (having leaned, leaning) on the outside of
restaurant windows, and (watching, having watched) with interest as the townspeople (have
eaten, eat).

2. *Escribe la forma correcta del verbo entre paréntesis en el espacio correpondiente.*

a. Until the Conquest this zone (be) __________ also the center of one of the most notoriously
fierce of the ancient tribes, the Conchucos.

b. By the end of the sixteenth century, however, the colonial *encomendero* system (reduce)
__________ those warriors to virtual slavery.

c. While the guardian of the ruins and his dog (show) __________ me around the site, telling
me about the freak rains and pointing out where the adobe (wash) __________ away, I
suddenly (realize) __________ the full meaning of the name *El Niño*.

3. *Escribe un párrafo sobre algo interesante que haya hecho algún amigo o familiar tuyo. Usa verbos en el pasado e indica sucesos consecutivos.*

____

____

____

21.3 *El modo subjuntivo*

Hay tres modos, o maneras en que un verbo puede expresar una acción o estado: el indicativo, el imperativo y el subjuntivo.

➜ Concepto clave

El **subjuntivo** se usa en cláusulas que comienzan con *if* (si) o *that* (que), y que expresan una idea contraria a los hechos y en claúsulas que comienzan con *that* (que), y que expresan una petición, una orden o una propuesta.

I wish that today <u>were</u> Friday.
Quisiera que hoy <u>fuera</u> viernes.

They requested that he <u>leave</u>.
Le pidieron que <u>se fuera</u>.

> En tu libro de texto en inglés aparece una tabla con verbos auxiliares que sirven para expresar el subjuntivo.

¿Sabías que...
en inglés el subjuntivo de *be* en el presente es *be* y en el pasado es *were* para todas las personas?

¡Compara!

Mientras en inglés sólo hay dos tiempos del subjuntivo, en español hay tres tiempos simples y tres tiempos compuestos. El subjuntivo se emplea muy poco en inglés.

Practica

Al lado de cada oración escribe el verbo subrayado en el subjuntivo.

a. My mother requests that we <u>are</u> on time for dinner. _______________________

b. Ellen wished that she <u>was</u> famous. _______________________

c. It is required that each student <u>wears</u> a tie. _______________________

d. If she <u>was</u> impatient, she would not be waiting. _______________________

e. He wishes that the climate <u>was</u> milder. _______________________

21.4 *Voz*

En inglés hay dos voces: la voz activa y la voz pasiva. Si el sujeto del verbo realiza la acción, el verbo está en voz activa; si el sujeto recibe la acción, el verbo está en voz pasiva.

> En tu libro de texto en inglés aparece una tabla con el verbo *believe*, creer, en voz pasiva.

Cualquier construcción activa puede convertirse en pasiva al cambiar el complemento directo a sujeto y el sujeto a complemento dc la preposición by *por*.

Debbie repaired the telephone.
Debbie compuso el teléfono.

The telephone was repaired by Debbie.
El teléfono fue compuesto por Debbie.

◆ Uso de la voz activa y la voz pasiva

La voz activa debe usarse siempre que sea posible, ya que es más directa y económica que la voz pasiva.

¡Compara!

Tanto en inglés como en español la voz pasiva se construye de la misma forma: con el verbo ser más el participio pasado. En inglés el participio no varía, pero en español funciona como adjetivo y debe concordar en número y género con el sujeto.

Practica ✍

1. *En el espacio correspondiente indica con una A si el verbo está en la voz activa y con una P si está en la pasiva.*

a. The performance was held in the park. _______________________

b. The playwright agreed to rewrite the last act._______________________

c. The wind was blowing hard._______________________

d. Several trees in the in the park were blown down by the wind. _______________________

e. Four large pizzas were delivered to us by mistake. _______________________

f. The performance will be reapeted tomorrow night. _______________________

2. *Cambia las oraciones que están en voz pasiva a la forma activa y las que están en voz activa a la pasiva.*

a. The telephone makes communication easier.

____

b. It is difficult to imagine life today without the telephone.

____

c. Convenience and efficiency have been delivered by the telephone.

____

d. This great device was invented by Alexander Graham bell more than a hundred years ago.

____

Aplica ✍

3. *Imagina que vas a recibir un premio por un invento que has hecho. Escribe unas palabras de agradecimiento a las personas que han apoyado tu trabajo. Usa verbos tanto en la voz pasiva como en la activa.*

____

____

____

CAPÍTULO 22

El uso de los pronombres

22.1 Caso

➜ Concepto clave
Se llama **caso** a la forma del sustantivo o del pronombre que indica la función que tiene en la oración.

➜ Concepto clave
Los tres casos de un sustantivo o pronombre son el nominativo, el complementario y el posesivo.

> En tu libro de texto en inglés aparecen unas tablas con los casos y su función.

¿Sabías que...
en inglés los sustantivos sólo cambian de forma en el caso posesivo? En ese caso se les agrega un apóstrofe y una *s*.

¡Compara!
En inglés un pronombre posesivo concuerda en número con su antecedente. ¡En español la concordancia es doble! Un pronombre posesivo debe concordar en persona con su antecedente y en número y género con el sustantivo que modifica.

Practica ✍
Escoge la forma del pronombre que corresponda. Luego escríbela en el espacio correspondiente.

a. Bill and (her, his) brother will be here soon. _______________________

b. They always bring presents with (them, theirs). _______________________

c. He gave (me, mine) a watch last time he was here. _______________________

d. Who did (you, yours) go to see the exhibit with? _______________________

e. Rosalie and (I, my) went to see the exhibit. _______________________

f. Did you have a good time with (she, her)? _______________________

◆ El caso nominativo

El caso nominativo se usa cuando el pronombre personal actúa como sujeto, como predicado nominal o como pronombre en un nominativo absoluto.

¡Recuerda!
El nominativo absoluto funciona en forma aislada del resto de la oración para indicar alguna circunstancia.

◆ El caso complementario

El caso acusativo se usa cuando el pronombre personal actúa como complemento, de un verbo, preposición o verboide o como sujeto de un infinitivo.

◆ **El caso posesivo**

Usa caso posesivo si el pronombre va seguido por un gerundio.

Ms. Maling insists on <u>our</u> <u>attending</u> her presentation.
La Srta. Maling insiste en que vayamos a su presentación.

¡Compara!

En el caso complementario el orden de los pronombres en la oración no es el mismo en inglés que en español. En inglés el pronombre va después del verbo, ¡en español suele ir antes!

I gave <u>it</u> to <u>her</u>.

Yo <u>se</u> <u>lo</u> di.

Practica ✎

1. *Haz un círculo alrededor del pronombre correcto. Luego indica si es complemento directo, indirecto, complemento de una preposición, o de un infinitivo:* direct object, indirect object, object of the preposition, subject of infinitive.

a. We appreciated your teaching (we, us) how to read maps. _______________

b. My friends left for the library without (I, me). _______________

c. Next time, ask (them, they) to wait for you. _______________

d. Looking at all the maps, I had trouble choosing among (they, them). _______________

e. Please ask (she, her) to give you instructions. _______________

f. We brought my sister and (he, him) maps of the town. _______________

2. *De las dos palabras entre paréntesis escoge la correcta para completar la oración. Escríbela en el espacio correspondiente.*

a. The best proposal of all was _______________ (there's, theirs).

b. The maps on that shelf are _______________ (hers, her's).

c. An owl can hunt in total darkness using only (it's, its) _______________ hearing.

d. (They're, Their) _______________ deciding to move came as a surprise to us.

e. Which of the maps is (yours, your's) _______________?

f. Please take the rolls out of the oven when (their, they're) _______________.

Aplica ✎

3. *Escribe una carta para describir una aventura imaginaria en la que debías consultar un mapa. Describe tu aventura usando pronombres en los tres casos.*

____

____

____

22.2 *Problemas con los pronombres*

◆ El uso correcto de *Who* y *Whom*

Para decidir cuándo usar *who* o *whom* y las formas derivadas
whoever y *whomever* (quienquiera, quienesquiera) es necesario
saber qué función tiene el pronombre en la oración.

> En tu libro de texto en inglés aparece una tabla con el uso
> de los pronombres.

◆ Los pronombres en las cláusulas elípticas

En una cláusula elíptica algunas palabras se omiten pero están
sobreentendidas.

> En tu libro de texto en inglés aparece una tabla con la
> manera de elegir un pronombre en cláusulas elípticas.

¡Compara!

En español no existe un equivalente del pronombre inglés *whom*,
ya que "quien" se usa como sujeto y como complemento.

¿Sabías que...
whose (de quien, cuyo)
es la forma posesiva
de *who*?

Practica ✍

**1. *Escribe en el espacio en blanco el pronombre* (who, whom, whoever, whomever) *que
corresponda a cada oración.***

a. I wonder ____________ the new teacher is .

b. We will accept ____________ they send us.

c. The student ____________ you reported has been suspended.

d. Everyone ____________ knew him admired him.

e. Did he tell you ____________ was having the party?

f. Are there any applicants ____________ we haven't seen yet?

**2. *De los dos pronombres entre paréntesis escoge el correcto para completar la
oración. Escríbelo en el espacio correspondiente.***

a. The test was harder for Carol than for ____________ (I, me).

b. Julie worked as hard as ____________ (they, them).

c. Can you make a better pizza than ____________ (her, she)?

d. Lola has a newer bike than ____________ (he, him)?

e. Success means more to some people than to ____________ (them, they).

f. My sister is a better dancer than ____________ (me, I).

Aplica ✍

**3. *Imagina que le haces una entrevista al capitán de un barco ballenero del siglo
diecinueve. Usa* who, whom, whoever *y* whomever *por los menos una vez.***

____

____

____

CAPÍTULO 23

Concordancia

23.1 *La concordancia entre el sujeto y el verbo*

◆ Los sustantivos, pronombres y verbos y su número

En inglés los sustantivos, los pronombres y los verbos tienen número.

> En tu libro de texto en inglés aparece una tabla con los pronombres personales y el verbo *see* (ver) en singular y plural.

◆ Sujetos singulares y plurales

→ Concepto clave

Un sujeto singular debe tener un verbo en singular. Un sujeto plural debe tener un verbo plural.

¿Sabías que...
siempre debe haber concordancia entre sujeto y verbo aunque estén separados por una frase o claúsula?

Practica ✍

Corrige la palabra subrayada de cada oración para que el sujeto y el verbo concuerden.

a. Recent heavy frosts <u>has</u> ruined the citrus crops. _______________________

b. Mary is the only one of the swimmers who <u>have</u> a chance to win. _______________

c. Our teacher, along with several others, <u>are</u> judging the essays. _______________

d. Which one of the students is the one who <u>have</u> the map? _____________________

e. The windows on the north side <u>have</u> thermal glass. _________________________

◆ Sujetos compuestos

Existen diferentes reglas de concordancia en los casos en que las conjunciones *or* (o), *nor* (ni) o *and* (y) se usan para unir sujetos en singular y plural.

- Si dos o más sujetos en singular están unidos por *or* (o) o *nor* (ni), el verbo debe estar en singular.
- Si los sujetos unidos por *or* (o) o *nor* (ni) están en plural, el verbo debe estar en plural.
- Si uno de los sujetos unidos por *or* (o) o *nor* (ni) está en singular y el otro en plural, el verbo concuerda con el sujeto más cercano.
- Si un sujeto compuesto está unido por *and* (y) el verbo suele estar en plural.

> En tu libro de texto en inglés aparecen estas oraciones.

◆ Sujetos que presentan dificultades

- El verbo y el sujeto deben concordar aunque el sujeto aparezca después del verbo.
- Un **verbo de enlace** siempre concuerda con el sujeto, independientemente del número del predicado nominal.

Religious beliefs were what motivated the ancient Egyptians.
Las creencias religiosas eran lo que motivaba a los antiguos egipcios.

- Un sustantivo colectivo lleva un verbo singular cuando el grupo que nombra funciona como una sola unidad. El verbo va en plural cuando el grupo que nombra funciona como diferentes individuos.
- Los sustantivos que son singulares a pesar de parecer plurales deben llevar el verbo en singular.
- Todos los pronombres indefinidos singulares llevan el verbo en singular.
- Con los pronombres *all, any, more, most, none* y *some* (todos, cualquiera, más, ninguno, alguno) el verbo va en singular si el antecedente es plural, y en singular si el antecedente es singular.
- Un sustantivo que expresa una cantidad o una medida es generalmente singular y requiere un verbo en singular.

¡Compara!

En inglés hay sustantivos que parecen plurales y son singulares. Entre ellos están *economics* economía, *physics* física, *politics* política y *rickets* raquitismo. Aunque todos estos sustantivos parecen plurales llevan un verbo en singular.

Practica ✍

1. Cada una de las palabras o frases siguientes es el sujeto de una oración. Escribe la oración.

a. Some of the cookies ______________________

b. *Of Mice and Men* ______________________

c. Mumps ______________________

d. All of the money ______________________

e. Physics ______________________

f. Neither of the speakers ______________________

g. *All the King's Men* ______________________

h. Gymnastics ______________________

i. Any of the fabric ______________________

j. Half of the crackers ______________________

2. *Subraya la forma adecuada del verbo entre paréntesis para completar cada oración.*

a. The panel (are, is) disagreeing on the rules.

b. Among the old clothes (was, were) several usable sweaters.

c. Three fourths of the records (are, is) scratched.

d. All of the members of the family (were, was) present at the reunion.

e. The executive council (meet, meets) to make its decision tonight.

f. Romeo and Juliet (remains, remain) a popular Shakespearean play.

Aplica ✍

3. *Escribe un resumen de lo que sabes sobre las pirámides de Egipto. Después de completar el párrafo, subraya una vez el sujeto de la oración y dos veces el verbo y verifica su concordancia.*

____

____

____

23.2 Concordancia entre el pronombre y su antecedente

→ Concepto clave

Un pronombre personal debe concordar con su antecedente en número, persona y género.

- Si hay dos o más antecedentes en singular unidos por *or* (o) o *nor* (no) el pronombre debe ser singular.
- Si hay dos o más antecedentes en plural unidos por *and* (y) el pronombre debe ser plural.
- Si cualquiera de las partes de un antecedente compuesto unido por *or* (o) o *nor* (no) es plural, el pronombre debe ser plural.

¡Ojo!
Los pronombres deben concordar con sus antecedentes en género, número y persona.

¡Compara!

En inglés un pronombre posesivo concuerda en número y persona con su antecedente. ¡En español la concordancia es doble! Un pronombre posesivo debe concordar en persona con su antecedente y en número y género con el sustantivo que modifica:

We brought <u>our</u> cameras.
Trajimos <u>nuestras</u> cámaras.

Practica ✍

En todas estas oraciones el pronombre está equivocado. Corrígelo.

a. Al is someone who uses <u>my</u> time wisely. _______________________

b. Neither Sue nor Kathy had trouble choosing <u>her</u> topic. _______________________

c. Either Peter or Mike gives <u>their</u> speech next. _______________________

d. Pam or Janice will have the party at <u>his</u> house. _______________________

e. The archeologist and his assistant will publish <u>her</u> findings. _______________________

f. The men and the women gave <u>his</u> opinion. _______________________

→ **Concepto clave**

Debe procurarse no cambiar la concordancia entre el pronombre
y su antecedente ni en persona ni en género.

◆ Concordancia con los pronombres indefinidos

Cuando un pronombre indefinido, como *each* (cada), *one* (uno), o
several (varios) es el antecedente de un pronombre personal,
ambos pronombres deben concordar en número.

◆ Concordancia con los pronombres reflexivos

Un pronombre reflexivo debe concordar con un antecedente que
esté claramente especificado.

¡Compara!

En inglés hay un uso llamado "genérico" del pronombre
masculino *his* para referirse a un antecedente singular cuyo
género no se conoce. Ese uso no existe en español, ya que el
pronombre <u>su</u> se refiere indistintamente a un antecedente
masculino o a uno femenino.

Practica ✍

*1. Piensa que cada una de las palabras o frases siguientes es el antecedente de
un pronombre personal. Escríbelo en el espacio.*

a. Grace, Maria, or Anna _______________________________

b. either Ted or Kevin _______________________________

c. only one waitress _______________________________

d. the tape recorder _______________________________

e. each boy in the club _______________________________

f. both commitees _______________________________

g. most public speakers _______________________________

h. every person _______________________________

i. Matthew or Ken _______________________________

j. my father or my uncle _______________________________

*2. Subraya la forma adecuada del pronombre entre paréntesis para completar
cada oración.*

a. Few of the voters changed (her, their) mind after the debate.

b. All the musicians are tuning (themselves, their) instruments.

c. Gina or (she, herself) may be able to help you.

d. Kara and (myself, I) are on the debating panel.

e. I loved the stories Grandma told (you, yourself) and me last night.

f. Pete will wear a page's costume if (ourselves, we) can find one.

23.3 Problemas especiales con la concordacia de pronombres

El antecedente de un pronombre debe entenderse sin ambigüedad.

◆ Referencias pronominales vagas

→ Concepto clave

Los pronombres *which* (cual), *this* (éste), *that* (ese) y *these* (estos) no pueden usarse para referirse a una idea vaga o demasiado general.

→ Concepto clave

Los pronombres *it* (eso), *they* (ellos/ellas) y *you* (tú/usted), estos no pueden usarse con un antecedente vago. Se debe reemplazar al pronombre con un sustantivo, o volver a escribir toda la oración.

◆ Referencias pronominales ambiguas

Se dice que un pronombre es "ambiguo" cuando puede referirse a más de un antecedente.

→ Concepto clave

Un pronombre personal debe estar siempre relacionado a **un solo antecedente** obvio.

→ Concepto clave

En una oración no se debe **repetir un pronombre personal** que puede referirse cada vez a un antecedente diferente.

¡Compara!

El uso del pronombre personal *you* (tú, usted) se considera incorrecto en inglés cuando no se refiere directamente al lector o a la persona que escucha. En español, se usan las formas de pronombre impersonales "uno, se", o la expresión verbal impersonal "hay que".

Practica ✍

1. *Escribe en el espacio el antecedente del pronombre subrayado. Si el antecedente es vago o confuso, escribe una E.*

a. After Lila had spoken to Carmen, <u>she</u> felt much happier. ________________________

b. Mr. Pardo asked Tom to repeat the exercise <u>he</u> had just completed. ________________

c. The approaches to the bridge were clogged, as <u>they</u> often are. ___________________

d. The coach told Hankins that he would not renew <u>his</u> contract. ___________________

e. In that game, <u>you</u> can only reach "home" with an exact roll of the dice. ___________

2. *Subraya el pronombre que está mal usado en el siguiente párrafo. Escribe la oración correctamente.*

The still life was a masterpiece. The water seemed to sparkle in the bottle, and the fruit looked real enough to eat. It made me gasp.

____

____

____

Aplica ✍

3. *Escribe una descripción de un lugar interesante que hayas visitado. Todos los pronombres que uses deben tener un antecedente.*

____

____

____

  Spanish-Speakers' Handbook **97**

CAPÍTULO 24

El uso de los modificadores

24.1 *Los grados de comparación*

→ Concepto clave

En inglés existen tres tipos o grados de comparación: el
positivo, el **comparativo** y el **superlativo**.

◆ Formas regulares de comparación

Para formar el comparativo de la mayoría de los modificadores
de una y dos sílabas se usa *–er*, para el superlativo se usa *–est*.

smart	*smarter*	*smartest*
inteligente	más inteligente	el más inteligente

Si el modificador tiene más de tres sílabas, se usa *more* antes
del modificador para el comparativo y *most* para el superlativo.

generous	*more generous*	*most generous*
generoso	más generoso	lo más generoso

La comparación de cualquier adverbio terminado en *–ly* se
hace por medio de *more* y *most*, independientemente de la
cantidad de sílabas que tenga el adverbio.

briefly	*more briefly*	*most briefly*
brevemente	más brevemente	lo más brevemente

¿Sabías que...
también puedes usar
less "menos" y *least* "el
menos" para comparar
modificadores?

¡Compara!

Los tres grados de comparación de modificadores también
existen en español. Pero en español el modificador no cambia de
forma en las comparaciones sino que se usan los adverbios
"más" y "menos".

Practica

1. *Primero en español*

Los modificadores de cada oración están subrayados. Identifica el grado de comparación que
establecen. Escribe si es positivo, comparativo o superlativo.

a. Si hubiera sido más <u>cuidadoso</u>, no habría cometido ese error. _______________________

b. Ahí sirven la comida más <u>picante</u> de la ciudad. _______________________

c. ¿Es más <u>picante</u> que la del restaurante Rico? _______________________

d. Te sentirás más <u>cómodo</u> si te sientas aquí. _______________________

e. Sacudió la cabeza <u>enérgicamente</u>. _______________________

Estas columnas están incompletas. Completa los espacios en blanco de cada una con el grado de comparación que falta del adjetivo indicado.

Positive	Comparative	Superlative
heavy		
	more careful	
		laziest
likely		
		most tranquil
	uglier	

◆ Formas irregulares de comparación

La forma comparativa de algunos adjetivos y adverbios es irregular y es necesario memorizarla.

> En tu libro de texto en inglés aparece una tabla con modificadores irregulares.

El uso de algunos de estos modificadores puede resultar confuso. Para usar el modificador adecuado debes saber si se trata de un adjetivo o de un adverbio.

El uso de *bad* y *badly*

Bad (malo) es un adjetivo, por lo tanto no se puede usar como adverbio después de un verbo de acción. *Badly* (mal) es un adverbio.

El uso de *good* y *well*

Good (bueno) es un adjetivo; *well* (bueno, bien) se puede usar como adjetivo o adverbio. *Good* no se puede usar como adverbio después de un verbo de acción.

¡Compara!

Las formas irregulares de comparación existen tanto en español como en inglés. Hay algunos adjetivos y adverbios que son irregulares en ambos idiomas.

bad	*worse*	*worst*
malo	peor	pésimo

Practica ✍

1. *Escribe al lado de cada oración la forma del modificador entre paréntesis que corresponda.*

a. Students seldom do their (well) on tests when they're tired. ________________

b. People often feel even (ill) on the second day of a cold than on the first. ________________

c. Everyone knew who was the (good) player on the team. ________________

d. Beginning violinists often play (badly) of all. ________________

e. Max swam out (far) than he should have. ________________

2 *En todas estas oraciones el modificador está mal usado. Corrígelo.*

a. The sand feels <u>well</u> between my toes. ________________

b. My new bike runs <u>good</u>. ________________

c. Mother reacted <u>bad</u> to my suggestion. ________________

d. That was my <u>well</u> deed for today. ________________

e. The color red looks <u>badly</u> on you. ________________

Aplica ✍

3. *Compara dos héroes legendarios. Ten cuidado cuando hagas las comparaciones.*

____

____

____

24.2 Comparaciones claras

Esta sección trata del uso del comparativo y del superlativo, y de cómo evitar hacer comparaciones ilógicas.

◆ El uso del comparativo y del superlativo

→ Concepto clave

El grado comparativo sirve para comparar dos personas, lugares o cosas. El superlativo se usa para comparar más de tres. El contexto de la oración suele indicar el número de personas que se compara.

COMPARATIVO

I am <u>less talented</u> than Cynthia.
Soy <u>menos talentosa</u> que Cynthia.

SUPERLATIVO

I am the <u>least talented</u> person for this.
Soy la persona <u>menos talentosa</u> para esto.

Las comparaciones dobles Una comparación doble es un error causado por el uso de ambos *–er* y *more* o *–est* y *most* para formar un modificador regular o por agregarlos a un modificador irregular

INCORRETA

This is the <u>most happiest</u> day of my life.
Este es el día <u>más felicísimo</u> de mi vida.

Comparaciones lógicas

En una comparación no debe haber elementos no relacionados ni se debe comparar algo con sí mismo.

Los elementos de una comparación deben ser de clase similar.

INCORRECTA

Andy's bike is newer than his mother.
La bicicleta de Andy es más nueva que su mamá.

CORRECTA

Andy's bike is newer than his mother's.
La bicicleta de Andy es más nueva que la de su mamá.

Cuando se compara un miembro de un grupo, ya sea una persona o una cosa con el resto del grupo, la oración debe tener las palabras *other* o *else* (otro).

The Grand Canyon is more beautiful than any other national park.
El Gran Cañón es más hermoso que cualquier otro parque nacional.

Modificadores absolutos

Hay algunos modificadores que no pueden usarse para hacer comparaciones porque tienen un significado absoluto, es decir que no pueden expresar ni más ni menos que el grado positivo. Algunos modificadores absolutos son: *eternal, final, infinite* (eterno, final, infinito).

Se debe evitar el uso de modificadores absolutos en una comparación. Para reemplazarlos se pueden usar palabras de significado similar cuyo significado no sea absoluto.

Practica ✍

1. *Haz un círculo alrededor de la forma del modificador entre paréntesis que corresponda.*

a. That watch is the (older, oldest) piece of jewelry in the collection.

b. You should have proofread your essay (more, most) thoroughly.

c. Store the chicken in the (colder, coldest) part of the freezer.

2. *Estas comparaciones son incorrectas. Escríbelas en la forma correcta.*

a. Your plants look better than my mother.

____

b. Brenda's report was more interesting than anyone's.

____

c. Mom should treat us more equally.

____

Aplica ✍

3. *Escribe una descripción de un personaje de algún libro que hayas leído. Usa los adjetivos y los adverbios en forma lógica y en todos los grados de comparación.*

____

____

____

CAPÍTULO 25

Otros problemas gramaticales

Support for
Miscellaneous
Problems in Usage

25.1 Oraciones negativas

En inglés sólo se necesita una palabra negativa para trasmitir una idea negativa. El uso de más de una palabra negativa puede resultar redundante y confuso.

◆ Negación doble

Se considera una negación doble una cláusula con dos palabras negativas.

➜ Concepto clave

Es incorrecto usar dos palabras negativas puesto que sólo se necesita una.

INCORRECTO
I won't never tell.
No lo diré nunca.

CORRECTO
I won't ever tell.
No lo diré nunca.

◆ La formación correcta de oraciones negativas

Para formar correctamente una oración negativa se debe usar sólo una palabra negativa, tal como:

never	nunca
no	no
nobody	nadie
nothing	nada
nowhere	en ninguna parte
not	no
n't (contraction)	no

➜ Concepto clave

En una cláusula sólo se debe usar una palabra negativa.

The moon has no satellites of its own.
La luna no tiene satélites propios.

➜ Concepto clave

La palabra *but* (pero) en un sentido negativo significa "sólo" y no se puede usar con otra palabra negativa. Lo mismo pasa con las palabras *barely* (apenas), *hardly* (casi no) y *scarcely* (escasamente).

The Earth has but one moon.
La Tierra tiene sólo una luna.

¡Recuerda!
La palabra *no* se usa con sustantivos; *not* con verbos.

◆ Minimizar

A veces se quiere comunicar una idea positiva sin expresarla
directamente. Esta técnica, llamada *understatement*, se usa para
minimizar la importancia de una idea o, al contrario, para
destacarla. Se logra mediante una palabra negativa y otra con
un prefijo negativo.

They are <u>not</u> totally <u>unhappy</u> with the extra hours of light.
<u>No</u> están totalmente <u>descontentos</u> con las horas de luz de más.

¡Compara!

En inglés es incorrecto usar dos palabras negativas en una
misma oración. ¡Eso no sucede en español! En español se
pueden emplear dos palabras negativas en la misma oración.

I <u>didn't</u> see <u>any</u> satellites.
Yo <u>no</u> vi <u>ningún</u> satélite.

Practica ✍

**1. *Si la oración es correcta, escribe* correct *en el espacio correspondiente. Si
contiene dos palabras negativas, escribe* double negative.**

a. At first we couldn't see nothing in the darkness. _______________________________

b. You can't find any better pet than a turtle. _______________________________

c. The burglar didn't think of looking under the bed. _______________________________

d. The teacher won't accept no late papers. _______________________________

e. The baby can't eat no more of those apples. _______________________________

**2. *Subraya la negación doble de cada oración. Escribe las oraciones en
forma correcta.***

a. Miss López had not heard nothing about the new discovery.

____

b. There aren't no more morning papers at the store.

____

c. The moon isn't hardly as big as the sun.

____

d. Earth hasn't but one moon.

____

e. The Number 7 bus doesn't go no longer up Third Avenue.

____

25.2 *Problemas de uso comunes*

A continuación se presentan algunos ejemplos de los problemas
de uso comunes en inglés. Debes recurrir a tu libro de texto
donde hay una lista más completa.

PALABRAS DE ORTOGRAFÍA SIMILAR

all ready pronto: adjetivo

already ya, todavía: adverbio

than que: conjunción

then luego, entonces: adverbio

PALABRAS QUE SE USAN INCORRECTAMENTE

their su, sus: pronombre positivo

there allí: adverbio explicativo

they're ellos son/están (*they are*)

PARES DE PALABRAS MAL USADAS

learn aprender

teach enseñar

bring traer

take llevar

FORMAS VERBALES INCORRECTAS

done hecho

gone ido

Practica

**1. Haz un círculo alrededor de la palabra entre paréntesis que complete cada
oración correctamente.**

a. Boris's grandfather (learned, taught) him to play chess.

b. Small animals (adopt, adapt) quickly to the environment.

c. They are supposed to (bring, take) in their reports.

d. (There, Their) car is parked across the street.

e. (There, They're) tired and want to go home.

f. I (done, have done) my homework alredy.

2. Escribe la palabra correcta en el espacio correspondiente.

a. I haven't ___________ anyting wrong! (did, done)

b. Have you ___________ to the supermarket already? (went, gone)

c. I can't believe it's 5 o'clock ___________! (all ready, already)

d. My older brother ___________ gymnastics to small children. (learns, teaches)

e. I told them not to bring ___________ dog with them. (there, their)

Aplica

**3. Escribe un párrafo acerca de alguna tradición familiar. Usa por lo menos tres
de las siguientes palabras: done, adapt, gone, into, bring.**

____

____

____

CAPÍTULO 26

Las mayúsculas

◆ Las mayúsculas en las palabras iniciales

→ Concepto clave

Las mayúsculas se usan:

- al comienzo de cualquier oración declarativa, interrogativa, imperativa y exclamativa.
- en la primera palabra de las interjecciones y de las preguntas incompletas.
- en la primera palabra de una cita textual si la cita forma parte de una oración más extensa.
- en la primera palabra después de los dos puntos, cuando esa palabra comienza una oración completa, o cuando es una resolución sobre el tema de un debate, decisión o acto legislativo.
- en la primera palabra de cada línea de un poema, aún cuando no comience una nueva oración.

¿Sabías que...
si una cita o diálogo se interrumpe con una explicación, la última parte no comienza con mayúscula?

Practica

1. *Primero en español*

Subraya la palabra o palabras de cada oración que deben ir en mayúscula.

a. el año pasado yo tomé lecciones de piano.

b. —cuando era pequeño —dijo mi abuelo, —yo no oía música.

c. yo tengo unos sellos muy valiosos en mi colección.

d. mi hermano me preguntó: —¿tienes tiempo de ayudarme?

e. yo le contesté: —ahora no puedo. tal vez más tarde.

2. *Ahora en inglés*

Si las mayúsculas de cada oración están bien colocadas, indícalo con una C en el espacio en blanco. Si están mal, corrígelas.

a. the boys asked, "can we go to the movies?" _______________________________

b. My father said, "The lawn needs water." _______________________________

c. when i was a baby i cried all the time. _______________________________

d. "if i do it," he replied, "will you pay me?" _______________________________

e. I will do it only if I have the necessary equipment. _______________________________

En tu libro de texto en inglés aparecen unas tablas con los diferentes usos de las mayúsculas.

◆ Las mayúsculas en los sustantivos propios

→ Concepto clave

Se escriben con mayúscula:

- los nombres y apellidos de personas, incluso las iniciales
- los nombres de animales
- los nombres de lugares específicos como calles, monumentos y edificios, ciudades, regiones, provincias o estados, países y accidentes geográficos
- los nombres de acontecimientos históricos, épocas históricas, documentos, días y meses, festividades, feriados religiosos y ocasiones especiales
- las abreviaturas de títulos, antes y después de un nombre de persona
- los nombres de clubes, organizaciones, instituciones, escuelas, entidades comerciales, ramas del gobierno, partidos políticos y premios
- los nombres de vehículos aéreos, marítimos, espaciales y terrestres.

◆ Las mayúsculas en los adjetivos propios

→ Concepto clave

Llevan mayúscula:

- la mayor parte de los adjetivos propios y los nombres de marcas

Pero no llevan mayúscula:

- algunos adjetivos propios de uso común, los sustantivos comunes que se usan con dos o más adjetivos propios, ni los prefijos antes de un adjetivo propio excepto cuando se refieren a nacionalidad.

◆ Las mayúsculas en los títulos

→ Concepto clave

Llevan mayúscula:

- los títulos de personas
- los títulos que aluden a una relación de parentesco cuando se usan antes del nombre de la persona, o para dirigirse a ella
- los títulos, palabras clave y subtítulos de libros, periódicos, revistas, cuentos, poemas, piezas teatrales, películas, programas de televisión y obras de arte
- los títulos de cursos de idiomas y de los cursos que están seguidos por un número

¡Compara!

En inglés, los nombres de los días de la semana y de los meses del año, los nombres de los idiomas y los nombres de las religiones se consideran sustantivos propios y se escriben siempre con mayúscula. En español se escriben con minúscula.

¡Ojo!
Los artículos, las preposiciones y las conjunciones de dos o tres letras de un título no llevan mayúscula.

¡Atención!
El título que indica una relación de parentesco no lleva mayúscula si está después de un sustantivo en forma posesiva o un pronombre posesivo.

◆ **Las mayúsculas en las cartas**

→ **Concepto clave**

Las mayúsculas se requieren también en ciertas partes de las
cartas personales y comerciales, como el saludo y la despedida:

¡Compara!

En español, los títulos y nombres de dignidad o profesión van
con mayúscula cuando se refieren al cargo, pero no van con
mayúscula si están seguidos del nombre de la persona.

En español los títulos que indican una relación de parentesco
no llevan mayúscula.

Practica ✍

**1. Pon mayúsculas en los títulos de personas que aparecen en las oraciones siguientes
según corresponda.**

a. The drill was led by sargent Vincent.

b. I seated the senator at his table.

c. Can you tell us, congresswoman Riley, how you will vote?

d. I've just received an e-mail from uncle Fred.

e. Could you help me, sir?

**2. Pon mayúsculas en los siguientes títulos según sea necesario. La palabra entre
paréntesis indica a qué categoría pertenece el título o nombre.**

a. "the bridge" (poema)

b. *jane eyre* (libro)

c. *the peasant dance* (pintura)

d. *life* (revista)

e. "hello Dolly" (canción)

f. *the cat in the hat* (libro)

g. *haystacks* (pintura)

h. *tucson daily star* (periódico)

i. *our town* (pieza teatral)

j. french (curso escolar)

Aplica ✍

**3. Escribe un párrafo sobre un viaje de descubrimiento. Incluye nombres, fechas y
lugares importantes. Subraya las palabras con mayúscula y explica por qué lleva
mayúscula cada una de ellas.**

____

____

____

CAPÍTULO 27

Puntuación

27.1 Final de una oración

El punto final y los signos de interrogación y exclamación
indican el final de una oración.

El punto final

El punto final [.] es el símbolo de puntuación más comúnmente
usado. Se usa al final de las oraciones declarativas, de las
imperativas moderadas y de las preguntas indirectas

El signo de interrogación

El signo de interrogación [?] se usa al final de las oraciones
interrogativas, de las preguntas incompletas y de las
afirmaciones que implican una pregunta.

El signo de exclamación

El signo de exclamación [!] indica énfasis, y se usa al final de las
oraciones exclamativas, de las imperativas categóricas y de las
interjecciones que expresan un sentimiento intenso

¿Sabías que...
a veces se le dice *dot*
al punto?

◆ Otros usos del punto

En tu libro de texto en inglés aparece una tabla con
abreviaturas con y sin punto final.

¡Compara!

En inglés, los signos de interrogación y de exclamación se colocan sólo al final. En español
una interrogación requiere dos signos de interrogación, uno al principio y otro al final. Lo
mismo pasa con los signos de exclamación.

Practica ✍

**1. *Agrega a cada una de las oraciones siguientes los signos de puntuación que
correspondan.***

a. When does the train come in

b. My friend asked me to go with him

c. It's wonderful to see you again

d. Call the fire department

e. I left a message for you to call me Why didn't you

f. Your arm is in a cast For how long

Aplica ✍

2. En una hoja aparte, escribe una carta. Usa por lo menos una vez cada signo de puntuación explicado en esta sección.

____

____

____

27.2 La coma

Para usar las comas correctamente es necesario conocer bien la estructura de la oración.

◆ La coma en las oraciones compuestas

La coma se usa antes de la conjunción coordinante que separa dos cláusulas independientes en una oración compuesta.

◆ La coma entre elementos de una serie y con adjetivos

La coma se usa para separar series de palabras, frases o cláusulas subordinadas.

Adjetivos coordinados La coma se usa para separar adjetivos coordinados. La coma no se usa para separar adjetivos cumulativos.

It was a <u>raucous, festive, thrilling</u> occasion.
Fue una ocasión festiva, bulliciosa y emocionante.

We will be having <u>many unusual</u> guests.
Tendremos muchos invitados excepcionales.

¡Compara!

El uso de la coma en español no es exactamente igual que en inglés. En inglés la coma se usa antes de la conjunción coordinante que une dos cláusulas independientes. En español esta coma no es necesaria.

Practica ✍

Las comas de las oraciones siguientes están mal puestas. Ponlas bien o táchalas si no son necesarias.

a. She has never, skied before so I suggested that she take lessons.

b. The road was newly paved but the lines, were not painted yet.

c. The dog, sniffed barked and growled, at the stranger.

d. The mouse ran across the,floor under the table and, out of the door.

e. I'm going to, have orange, juice and milk and cereal.

f. A gorilla is too big to live in trees and it cannot swing from branch to branch.

◆ La coma después de material introductorio

Se usa una coma después de una palabra, frase o cláusula introductoria.

◆ La coma con expresiones parentéticas

Se usa una coma antes y otra después de las expresiones no esenciales.

◆ Otros usos de la coma

La coma se usa también en fechas, nombres geográficos y direcciones que tienen más de dos partes y en fechas, títulos después de un nombre, direcciones, saludos y despedidas, números, frases elípticas y citas.

¡Compara!

Hay algunas diferencias respecto al uso de la coma en español y en inglés. En el caso de los números grandes en inglés se separan las cifras con una coma. ¡En español se separan con un punto! En español, la coma se usa sólo con los decimales.

Practica ✍

1. *En estas oraciones no hay comas. Agrégalas cuando sea necesario.*

a. Rosa I'm over here in the shade.

b. Yes I think you're right.

c. Sincerely yours Mark

d. You need a haircut in my opinion.

e. Mr. Penn our neighbor moved away.

f. That old house sold for $895000.

2. *En las oraciones que siguen las comas están mal colocadas. Táchalas y escríbelas en el lugar correcto.*

a. After, a ten-minute delay the movie finally started.

b. Are you sure Jimmy that you, don't want to go?

c. Dear, Ted and Joe

d. Her address, is: 469, Rowland Dr. Denver Colorado 80,204.

e. My, grandmother a native of Peru lives now, in Miami.

f. The road, ahead I think is, blocked.

Aplica ✍
3. *Escribe un párrafo sobre una fiesta de graduación perfecta.*

____

____

____

> **¡Atención!**
> Las aposiciones, frases de participio y cláusulas adjetivas pueden ser esenciales o no esenciales.

> **¡Recuerda!**
> No es necesario usar comas en códigos postales, números de teléfono, ni números de casas.

27.3 *Punto y coma y dos puntos*

◆ El punto y coma

Se usa un punto y coma para unir dos cláusulas independientes
no unidas por una conjunción coordinante, pero que están
estrechamente relacionadas en estructura y significado.

El punto y coma se puede usar además con adverbios
conjuntivos, expresiones de transición y elementos que ya
contienen comas.

◆ Los dos puntos

Los dos puntos se usan después de una cláusula independiente
para enumerar una lista de elementos.

> **¡Ojo!**
> Los dos puntos no
> se usan después de
> un verbo o de una
> preposición.

> En tu libro de texto en inglés aparece una tabla con otros
> usos especiales de los dos puntos.

¡Compara!

En inglés se usan dos puntos para especificar la hora.
¡No es así en español!

That flight arrives at 9:20 A.M.
Ese vuelo llega a las 9.20 de la mañana.

Practica ✍

1. *En estas oraciones no hay ni puntos y coma ni dos puntos. Agrégalos.*

a. The drums rolled the trumpets blared.

b. TV is boring, give me a good book instead.

c. Dear Mr. Baker

d. My watch says 330.

e. Note Do not open until ready to use

f. You have your choice of three vegetables corn, peas, or spinach

**2. *En las oraciones que siguen los puntos y comas y las dos comas están mal
colocados. Táchalos y escríbelos en el lugar adecuado.***

a. Note These: pants may be ordered in other sizes.

b. The train rocked; gently I was soon dozing.

c. It was a forbidding night no moon; was visible.

d. Caution Roads slippery: when wet.

e. I need: to take the following a hat, long pants, boots, and binoculars.

f. Her flight is arriving at: 430 P.M., not at 315.

Aplica 

3. Demuestra tu conocimiento de los puntos y coma y los dos puntos en un párrafo acerca de un tesoro perdido.

27.4 *Comillas y subrayado*

◆ Las comillas en citas textuales

Las citas textuales se encierran entre comillas dobles [" "].

¡Compara!

Hay algunas diferencias entre el inglés y el español en cuanto al uso de las comillas en las citas textuales.

En inglés, si las palabras que identifican al hablante están al principio de la oración se usa una coma antes de las comillas; en español se usan dos puntos.

Practica

Las comillas de las oraciones siguientes están mal colocadas. Táchalas y escríbelas dónde correspondan.

a. The "gray cat " is mine, the girl replied.

b. Is "it easier I asked for me" to come to your house?

c. We are going to the museum "the teacher announced."

d. "Benjamin Franklin" wrote One today is worth two tomorrows.

e. Is there any chance the boy asked that "I will pass the test"?

◆ Las comillas con otros signos de puntuación

La ubicación de las comillas en relación a los demás signos de puntuación varía según el signo de puntuación de que se trate.

• **Las comas y los puntos** deben colocarse antes de cerrar las comillas.

• **Los puntos y comas y dos puntos** deben colocarse después de cerrar las comillas.

• **Los signos de interrogación y de exclamación** se deben colocar antes de cerrar las comillas si son parte de la cita.

Se deben colocar después de las comillas si no son parte de la cita.

◆ Las comillas en situaciones especiales

→ Concepto clave

En diálogos Un diálogo es una conversación entre dos o más personas. Se debe comenzar un nuevo párrafo cuando cada persona comienza a hablar.

→ Concepto clave

En citas de más de un párrafo de largo Si una cita textual tiene más de un párrafo de largo, se deben colocar comillas al comienzo de cada párrafo y al final del último.

Para indicar la omisión de palabras En una cita textual se usan puntos suspensivos [...] para indicar que se han omitido palabras.

→ Concepto clave

Una cita dentro de otra Se usan comillas simples [' '] para indicar que hay una cita dentro de otra.

◆ El subrayado y las comillas con los títulos

Muchos títulos y nombres se pueden subrayar o encerrar entre comillas. El subrayado se usa sólo en los textos escritos a mano o a máquina. En los textos impresos se usa letra cursiva en lugar de subrayado.

¡Compara!

En inglés, las palabras que dice una persona en forma de diálogo se escriben entre comillas. En español, las comillas se reservan para escribir los pensamientos de un personaje. Para transcribir un diálogo se usan rayas.

Practica ✍

1. *En estas oraciones no hay comillas. Agrégalas cuando sea necesario.*

a. I hate taking swimming lessons every summer! Dora complained.

b. But why? Jessica inquired. I think swimming is lots of fun.

c. Oh, they always force you to do things you don't want to. Last year they made me do a back dive.

d. I'll bet it wasn't that bad, Jessica said.

e. You think so? Well, it was embarrassing! Exclaimed Dorothy.

¡Atención!
En un diálogo de dos o más oraciones seguidas, se deben poner comillas al comienzo de la primera oración y al final de la última.

¡Recuerda!
Al escribir un diálogo comienza un nuevo párrafo cada vez que habla un personaje diferente.

¿Sabías que...
los puntos suspensivos se llaman en inglés *ellipsis*?

¡Ojo!
Los títulos de trabajos literarios cortos, episodios de una serie o canciones van entre comillas y no se subrayan.

2. Subraya los siguientes títulos o usa comillas según sea necesario. La palabra entre paréntesis indica a qué categoría pertenece el título o nombre.

a. Nite Owl (tren)

b. The Secret Garden (libro)

c. I Love Lucy (serie de televisión)

d. The Monkey's Paw (cuento)

e. Blue Moon (canción)

f. Apollo 8 (vehículo espacial)

g. Sesame Street (serie de televisión)

h. Mona Lisa (pintura)

i. Main Street Journal (periódico)

j. Butterfly (película)

Aplica ✍

3. Escribe un corto diálogo entre dos o tres personas que hablan de sus mascotas, o de otro tema relacionado con los animales. Usa las comillas cuando sean necesarias. Incluye en la conversación títulos de obras literarias y artísticas.

27.5 Las rayas

Las rayas se usan:

- para indicar un cambio súbito de pensamiento, una idea que interrumpe el texto o un resumen de algo ya expresado;
- para separar aposiciones o modificadores no esenciales largos, que ya tienen signos de puntuación o a los que se les quiere dar un énfasis especial;
- para separar expresiones parentéticas largas, que ya tienen signos de puntuación o que son especialmente enfáticas.

◆ Los paréntesis

Los paréntesis se usan para indicar acotaciones y explicaciones cuando el material incluido no es esencial o cuando consiste de una o más oraciones.

El paréntesis y otros signos de puntuación Si una frase u oración enunciativa interrumpe otra oración, no se usa ni mayúscula inicial ni punto final dentro del paréntesis.

¿Sabías que...
palabras como *all, these, those, this* y *that* resumen algo ya expresado que está precedido por una raya?

¡Atención!
Los paréntesis se usan también para encerrar explicaciones númericas.

◆ Los corchetes

Los corchetes [[ ]]se usan cuando se encierran en una cita
textual palabras agregadas por el autor.

La expresión latina *sic* (así) se suele encerrar entre corchetes
para indicar que el autor del material citado ha escrito o
pronunciado mal una palabra o una frase.

"Theirs [sic] no place like home."
"No ay [sic] casa como la de uno."

¡Compara!

Mientras en inglés se usan comillas para indicar un diálogo
entre dos personajes, en español el diálogo se introduce por
medio de la raya.

Practica ✍

1. *En estas oraciones no hay rayas. Agrégalas cuando sean necesarias.*

a. Dolls, toy soldiers, trucks all kind of toys were heaped under the tree.

b. The key is right now where did I put that key?

c. She told me this is just between us, of course that she regrets her decision.

d. The new stadium it boasts a retractable dome seats fifty thousand.

e. They arrived can you believe it? at exactly the same time.

2. *Agrega los paréntesis que se necesiten.*

a. Elizabeth Cady Stanton 1815-1902 was an early champion.

b. The bactrian camel has two humps, while the Arabian camel also called a *dromedary* has only one.

c. Pendleton bought ten shares of General Widget the price was the lowest in years and began to regard himself a capitalist.

d. One of the twins I don't remember which wanted to join the circus.

e. The job involves a preparing budgets, b keeping financial records, and c issuing checks.

Aplica ✍

3. *Escribe un párrafo sobre tu casa o sobre la casa de alguien que conozcas. Usa rayas, paréntesis y corchetes —cada signo por lo menos una vez.*

____

____

____

27.6 Guiones y apóstrofes

◆ Uso de los guiones

Los guiones [-] se usan tanto en números como en palabras.

Se debe escribir un guión en un número fraccionario si se usa como adjetivo, pero no si se usa como sustantivo.

The gallon is <u>three-quarters</u> finished.
Se terminaron <u>tres cuartos</u> del galón.

I spent <u>one half</u> of the money.
Gasté <u>la mitad</u> del dinero.

¡Compara!

En inglés el guión se usa tanto para escribir números como palabras. ¡En español el guión no es necesario en ninguno de estos casos!

fifty-two	*all-clear*	*self-love*	*two-thirds*
cincuenta y dos	sin peligro	egoísmo	dos tercios

Practica ✎

1. Coloca los guiones en las palabras que lo requieran. Si el guión no es necesario indícalo con una C.

a. There were twenty five questions in the test.

b. Two thirds of my answers were right.

c. We have to move by mid April.

d. My grandfather was a self made man.

e. His attittude was pro American.

f. The President elect is going to make a speech.

2. En todas las oraciones siguientes se usan guiones. Táchalos en las palabras que no los requieran.

a. Last week we went to a family-reunion.

b. There were sixty-two people there.

c. Two-thirds of the room were filled with relatives.

d. They came from all-over the world.

e. The youngest member of the family is a two-year-old boy.

f. He is my sister-in-law's youngest child.

◆ Los guiones en la separación de palabras

El guión también sirve para indicar que una palabra está
dividida y continúa en la línea siguiente.

→ Concepto clave

Una palabra sólo se puede dividir por sílabas.

◆ El uso de los apóstrofos

Los apóstrofes ['] se usan para formar posesivos, contracciones y
algunos plurales.

El apóstrofo en las contracciones Una contracción es una
palabra, o una combinación de dos palabras separadas, escritas
en forma abreviada. Las contracciones se usan en el habla y la
escritura informal; en el diálogo de cuentos y obras teatrales
imitan el habla de la vida real.

→ Concepto clave

Un apóstrofo se usa en una contracción para indicar la posición
de la letra o letras omitidas.

En tu libro de texto en inglés aparece una tabla con
contracciones.

   También se usa un apóstrofo y una −s para formar los
plurales de números, símbolos, letras y palabras usados por
sí mismos.

¡Compara!

En español los apóstrofos no se usan. El uso del apóstrofo para
indicar posesión es propio del idioma inglés. En español la
posesión se indica generalmente con la preposición de.

Practica ✎

1. Traza una línea entre las sílabas que puedan separarse al final de un renglón. Haz un círculo alrededor de las palabras que no pueden dividirse.

a. evict

b. custom

c. blazed

d. column

e. legal

f. noise

g. tasty

h. scenic

i. pro-French

j. boiler

k. walked

l. forest

m. maintain

n. neutral

o. all-time

2. Haz un círculo alrededor de la palabra o contracción apropiada para la oración.

a. (Whose, Who's) notebook is this?

b. I think it's (he's, his).

c. Look (theirs, there's) the lake!

d. Do you have (you're, your) camera?

e. (Its, It's) almost ten o'clock!

f. (Your, You're) supposed to be in bed.

Aplica ✎

3. Escribe un párrafo sobre un país que te interese. Usa guiones y apóstrofos en formas diferentes.

____

____

____

CAPÍTULO 28

Hablar, escuchar, observar y presentar

La gente comunica y recibe información de cuatro maneras principales: al hablar, al escuchar, al observar y al representar la información. Cuanto más desarrolles estas destrezas, más fácil te será comunicar tus ideas y entender las ideas de otras personas efectivamente.

28.1 Destrezas para hablar y escuchar

Si desarrollas buenas estrategias para hablar, podrás contribuir en las charlas de grupo de tu clase, sentirte más seguro al hacer presentaciones orales y comunicar tus sentimientos e ideas más fácilmente a otras personas. Si mejoras tus destrezas para escuchar, te será más fácil concentrarte en lo que se dice durante la clase y comprender mejor la información.

◆ Hablar en un grupo

En una charla de grupo, se discuten ideas y temas libremente en un ambiente informal. Las charlas de grupo en las que vas a participar con más frecuencia, ocurrirán principalmente en la escuela, con tus compañeros y sobre los temas que estás estudiando. Para poder aprovechar estas charlas de grupo, debes participar en ellas.

◆ Dar un discurso

Hacer una presentación oral o dar un discurso es lo que se conoce como hablar en público. Para llegar a ser un buen orador, debes familiarizarte con diferentes tipos de discursos y acostumbrarte a hablar en público en forma fluida y con seguridad.

◆ Escuchar críticamente

¿Sabías que hay una diferencia entre oír y escuchar? Oír es lo que haces naturalmente cuando los sonidos llegan a tus oídos. Escuchar, o escuchar críticamente, requiere que entiendas e interpretes lo que oyes.

28.2 *Destrezas de observación*

El uso de imágenes es un importante método de comunicación. Ves ejemplos de esto en la televisión, los periódicos, revistas, libros de texto y en las obras de arte.

◆ Interpretar mapas y gráficas

Los mapas y las gráficas son instrumentos importantes para ayudar a los lectores a entender información que es difícil. Como estos elementos te ayudan a entender algo visualmente, a veces se los llama ayudas visuales. Para poder leer o interpretar estas ayudas visuales, necesitas saber las características de cada una.

Mapas

Un mapa puede presentar muchos tipos de información, además de la ubicación de ciudades y accidentes geográficos. Por ejemplo, puede identificar áreas con población, zonas de cultivos o dar información sobre el tiempo.

Gráficas

Las gráficas ofrecen una manera visual de comparar información que está relacionada. Hay tres tipos de gráficas: gráfica lineal, gráfica circular y gráfica de barras

◆ Considerar críticamente los medios informativos

Piensa cuidadosamente en lo que ves y oyes. Como los medios informativos distribuyen enormes cantidades de información, es importante que aprendas las diferencias entre los diferentes medios. Debes tener en cuenta los siguientes puntos:

- **Reconocer los tipos de medios informativos**
- **Evaluar técnicas de persuasión**
- **Evaluar información de los medios de difusión**

→ Concepto clave

Aprende a identificar y evaluar los varios tipos de información e imágenes que se encuentran en los medios informativos no impresos.

◆ Considerar críticamente obras de arte

Cuando ves y evalúas obras de arte, pinturas, dibujos, fotografías o esculturas, usas criterios diferentes de los que usas para evaluar un programa de televisión, aun si la obra de arte tiene un mensaje político o social. El énfasis en identificar tendencias, connotaciones del lenguaje y opiniones se convierte en un examen de línea, forma, color y movimiento.

28.3 *Destrezas de presentación*

La presentación visual, o sea el uso de imágenes, es un método importante para comunicar ideas. Puedes diseñar tus propias presentaciones visuales por medio de organizadores gráficos, presentaciones de multimedia y actuaciones.

◆ Crear presentaciones visuales

Cuando lees, investigas, estudias o presentas ideas complicadas, puedes usar ayudas visuales para dar una estructura a tu material. Esto hace que la información se entienda más fácilmente.

◆ Usar el formato

Puedes mejorar tu trabajo escrito si usas los elementos básicos del formato de tu programa procesador de texto. Estos elementos incluyen la letra en negrita **(negrita),** la cursiva *(cursiva),* las mayúsculas, diferentes tamaños de letra y puntos, entre otros.

◆ Trabajar con multimedia

Una presentación oral se convierte en una presentación de multimedia cuando el orador explica los puntos principales con selecciones tomadas de diferentes medios. Si la presentación es planeada y realizada cuidadosamente, puede ser muy efectiva y la gente la recordará.

◆ Preparar un video

Los videos ayudan a la audiencia a recordar los puntos claves de tu discurso.

◆ Representar o interpretar

Representar algo es una de las formas más antiguas y efectivas de comunicar información.

→ Concepto clave

Puedes usar una variedad de técnicas para trasmitir el significado de un escrito o canción.

CAPÍTULO 29

Vocabulario y ortografía

Las palabras que usas y la manera en que las presentas se pueden combinar para crear un mensaje efectivo. Tu vocabulario incluye todas las palabras que conoces y usas al hablar, escribir y leer. Si aumentas tu vocabulario podrás entender y comunicar mejor ideas y emociones. Una buena ortografía es un elemento esencial para comunicarse bien.

29.1 *Desarrolla tu vocabulario*

Para aumentar tu vocabulario, es necesario que desees saber más sobre las palabras y sus significados. Hay varios métodos y técnicas para hacer esto.

◆ Escuchar, hablar y leer

Escucha y usa palabras nuevas Cuando eras un bebé no podías usar palabras para comunicar tus deseos y necesidades. Hacías mucho ruido, pero todo el mundo tenía que adivinar qué querías. Sin embargo, antes de poder decir una sola palabra, ya entendías muchas. La gente te hablaba y tú escuchabas atentamente. En poco tiempo, empezaste a hablar y pronto empezaste a unir las palabras en oraciones y a seguir reglas gramaticales, casi sin darte cuenta.

Lee sobre diferentes temas Probablemente encuentres más palabras que no conoces al leer que en cualquier otra ocasión. El vocabulario escrito de las personas es generalmente mucho más grande que su vocabulario hablado.

Cuanto más variadas sean tus lecturas, más variedad tendrá tu vocabulario. Trata de leer sobre una gran cantidad de temas en libros de texto, periódicos, revistas, novelas, poemas y artículos en Internet.

◆ Usar el contexto

→ **Concepto clave**

El contexto de una palabra son las palabras que la acompañan en la oración, o la situación en que se usa la palabra. Hay muchos tipos de contexto, entre ellos la descripción, el ejemplo, la repetición, la comparación y contraste y los sinónimos y antónimos.

◆ Denotación y connotación

La **denotación** de una palabra es su definición literal. Su **connotación** incluye las ideas, imágenes y sentimientos asociados con esa palabra.

◆ Identificar palabras relacionadas

Los **sinónimos** son palabras que tienen un significado similar. Los **antónimos** son palabras que tienen significados opuestos. Los **homófonos** son palabras que suenan igual, pero tienen diferentes significados y se escriben de distinta manera.

◆ Usar palabras relacionadas en analogías

Las **analogías** presentan un par de palabras que están relacionadas de alguna manera.

29.2 Estudiar las palabras sistemáticamente

◆ Usar obras de consulta

Un **diccionario** te dice el significado, la ortografía y la pronunciación de las palabras. Un **diccionario de sinónimos** te da una lista de palabras con significados similares.

29.3 Estudiar las partes y los orígenes de las palabras

Cuando analizas las partes de una palabra desconocida, puedes hallar claves para determinar su significado. Muchas palabras tienen un prefijo, una raíz y un sufijo.

◆ Identificar raíces

La **raíz** es la base de una palabra.

◆ Usar prefijos

Un **prefijo** consiste en una o más sílabas colocadas delante de la raíz de la palabra.

◆ Usar sufijos

Algunos sufijos, o terminaciones de palabras, forman sustantivos plurales, como ser la *-s* en *dogs*. Otros muestran los tiempos de los verbos, como *-ed* en *wanted* o *-ing* en *wanting*. Los sufijos también pueden formar nuevas palabras.

→ Concepto clave

Un **sufijo** consiste en una o más sílabas añadidas al final de la raíz de una palabra. Se puede usar para formar nuevas palabras.

◆ Explorar las etimologías

La **etimología** de una palabra es el origen e historia de la palabra.

→ Concepto clave

Conocer la etimología de una palabra te puede ayudar a entender su significado.

29.4 Mejorar la ortografía

◆ Crear un cuaderno de ortografía

Acostúmbrate a hacer listas de todas las palabras en las que cometes errores de ortografía frecuentemente. Puedes agrupar estas palabras en dos categorías. La primera puede incluir las palabras que te resultan particularmente difíciles y en las que cometes muchos errores. La segunda categoría puede incluir las palabras en las que cometes errores que siguen un patrón.

→ Concepto clave

Haz una lista de las palabras en las que cometes errores más frecuentemente y de los patrones que siguen algunos de esos errores.

◆ Seguir las reglas de la ortografía

Si bien algunas palabras presentan problemas, la mayoría de las palabras en inglés siguen patrones regulares.

◆ Plurales

→ Concepto clave

La forma regular plural de la mayoría de los sustantivos se forma añadiendo *-s* o *-es* a la forma singular.

Plurales regulares

Como regla general, puedes agregar *-s* al sustantivo para formar su plural. Sin embargo, con ciertos sustantivos regulares puedes elegir entre agregar -s o *-es*. En ciertas palabras tal vez tengas que cambiar una o dos letras.

1. Para formar los plurales de palabras que terminan en *s, ss, x, z, sh, ch,* añade *-es* a la raíz de la palabra.
2. Para formar los plurales de palabras que terminan en *y,* u *o,* precedidas por una vocal, añade *-s* a la raíz de la palabra.
3. Para formar los plurales de palabras que terminan en *y,* precedida por una consonante, cambia la *y* a una *i* y añade *-es.* Para la mayoría de las palabras que terminan en *o,* precedida por una consonante, añade *-es.* Para los términos de música que terminan en *o,* simplemente añade *-s.*
4. Para formar los plurales de algunas palabras que terminan en *f,* o *fe,* puedes añadir *-s* o puedes cambiar la *f* o *fe* a *v* y añadir *-es.* Para las palabras que terminan en *ff,* añade *-s.*

Plurales irregulares

Los plurales irregulares no se forman de acuerdo a las reglas anteriores. Puedes, sin embargo, hallar estas reglas en algunos diccionarios, inmediatamente después de la pronunciación de las palabras.

→ Concepto clave

Consulta un diccionario para formar los plurales irregulares.

Sobre los plurales de palabras compuestas Las palabras compuestas que se escriben como una sola palabra siguen las reglas generales para formar plurales. Para formar los plurales de las palabras compuestas que se escriben con un guión o como palabras separadas, pasa al plural la palabra que se modifica.

◆ Leer cuidadosamente y reflexionar sobre la ortografía y el vocabulario

→ Concepto clave

Lee cuidadosamente todo lo que escribas.

CAPÍTULO 30

Lectura

En los grados anteriores tus maestros te decían que tenías que aprender a leer. Este año tienes que leer para aprender. Ser un buen lector de obras de ficción y de no ficción significa considerar lo que vas a leer y usar las destrezas de evaluación y formar opiniones.

30.1 *Métodos de lectura*

Para entender mejor lo que dice un libro, tienes que determinar tú mismo cuál es su mensaje.

◆ Las secciones de un libro de texto

Usa las secciones especiales de tu libro de texto para familiarizarte con sus funciones. Presta atención a las siguientes:

- **Tabla de contenido**
- **Prefacio o Introducción**
- **Índice**
- **Glosario**
- **Apéndice**
- **Bibliografía**

◆ Usar diferentes estilos de lectura

Escoge el estilo de lectura más adecuado según el texto y tu objetivo. Considera los siguientes estilos:

- **Dar un vistazo**
- **Recorrer el texto**
- **Leer detenidamente**

Usar el método SQ4R

También puedes usar la organización de un libro de texto para estudiar temas específicos si te familiarizas con las siguientes destrezas: Inspeccionar *(Survey)*, Hacer preguntas *(Question)*, Leer *(Read)*, Tomar notas *(Record)*, Repetir *(Recite)* y Repasar *(Review)*. Todas estas destrezas juntas forman el método SQ4R.

→ Concepto clave

Usa el método SQ4R para entender mejor el contenido del libro.

- **Inspeccionar**
- **Hacer preguntas**
- **Leer**
- **Tomar notas**
- **Repetir**
- **Repasar**

◆ Usar esquemas

Hacer un esquema del material que lees te ayudará a entender mejor la información.
Cuando hagas un esquema, escribe las ideas principales y los detalles de apoyo de
un tema.

→ Concepto clave

Usa un esquema para ordenar la información importante.

◆ Usar organizadores gráficos

Un organizador gráfico es una buena herramienta para resumir y repasar información,
como también para mostrar relaciones entre ideas. Como la información está organizada
visualmente, el organizador gráfico te da un panorama general del tema.

→ Concepto clave

Usa los siguientes organizadores gráficos para entender las relaciones entre las ideas de
un texto:

- **Diagrama de Venn**
- **Cuadro de secuencia**

30.2 Leer obras de no ficción críticamente

La escritura de no ficción tiene su base en hechos. La no ficción recopila información
sobre cualquier tema, aunque no porque una información esté publicada en algún medio
divulgativo tiene por qué ser cierta. Debes leer la no ficción críticamente, analizando y
evaluando lo que el autor afirma y juzgando su credibilidad.

◆ Analizar y evaluar obras de no ficción

→ Concepto clave

Usa destrezas de lectura crítica para analizar, evaluar y juzgar obras de no ficción. Sigue
estas sugerencias:

- **Hacer inferencias**
- **Hacer generalizaciones**
- **Reconocer el propósito o las preferencias del autor**
- **Evaluar las afirmaciones del autor**
- **Evaluar la credibilidad del autor**
- **Identificar las técnicas de persuasión**

Distinguir entre hecho y opinión

→ Concepto clave

Cuando lees, debes distinguir entre hechos y opiniones, comprobando que el autor apoye sus opiniones con hechos.

Un **hecho** es el tipo de información que se puede verificar mediante muchos métodos: comprobando documentos, realizando experimentos u observaciones personales. Una **opinión**, en cambio, es una afirmación que no se puede comprobar porque es subjetiva y está fuertemente influenciada por la experiencia personal.

Aplicar modos de razonamiento

Es importante que además de aplicar destrezas de lectura crítica utilices algunos modos de razonamiento crítico como los siguientes:

- **Razonamiento inductivo** Este tipo de razonamiento llega a una conclusión o generalización a partir de hechos concretos o específicos.
- **Razonamiento deductivo** Este tipo de razonamiento se basa en una generalización que se aplica a muchos casos particulares o muy específicos. Un razonamiento deductivo se basa en un **silogismo** o sea, una afirmación en tres partes como el siguiente ejemplo: (1) Los mamíferos tienen la sangre caliente; (2) las ballenas son mamíferos; (3) luego, las ballenas tienen la sangre caliente.

Analizar y evaluar

La lectura crítica exige que seas consciente de algunos recursos retóricos que usan algunos escritores. Debes tener en cuenta los siguientes:

- **Denotación y connotación**
- **Ironía**
- **Sencillez**
- **Lenguaje especializado**
- **Eufemismos**
- **Parcialidad**

Identificar el propósito del autor

Cuando acabes de leer una obra de no ficción, intenta reunir toda la información que esté a tu disposición sobre el propósito del autor. Pregúntate lo siguiente:

1. ¿Consigue el autor su propósito? ¿Es su uso del lenguaje honesto o distorsiona los hechos?
2. ¿Qué ideas del autor son válidas? ¿Qué consecuencias tienen las ideas del autor? ¿Cómo se relacionan éstas con otras ideas?
3. ¿Qué ideas del autor son válidas para mí concretamente? ¿He cambiado mi punto de vista después de leer a este autor?

30.3 *Leer obras literarias*

La literatura es una forma de escritura imaginativa que comprende novelas, cuentos, poemas y obras de teatro.

◆ Analizar y juzgar obras de ficción

→ Concepto clave

Usa una variedad de destrezas de lectura para aumentar tu comprensión de los trabajos literarios.

◆ Leer ficción

→ Concepto clave

Las novelas y los cuentos generalmente se centran en un conflicto principal que debe enfrentar un personaje.

- **Determina el punto de vista**
- **Identifica las etapas del argumento**
- **Describe a los personajes**
- **Identifica el conflicto**

◆ Leer obras de teatro

Las obras de teatro se escriben pensando en que se tienen que representar en un escenario en frente de un público. El argumento de la obra se cuenta mediante los diálogos y algunas veces a través de monólogos. Al leer obras de teatro necesitas imaginarte la acción y los personaje en el escenario.

→ Concepto clave

Usa las siguientes destrezas para leer obras de teatro.

- **Imagínate la acción** Cuando leas trata de visualizar el escenario con la acción y los diferentes personajes. Aprovecha las acotaciones teatrales que la obra incluye para imaginar el vestuario, los personajes, la escena y la acción
- **Conecta la obra con su contexto histórico** Pregúntate: ¿cuándo sucede la acción de la obra? ¿Qué costumbres había en aquella época?
- **Resume la trama** Una obra incluye varios actos y cada uno de estos contiene varias escenas. Cuando un acto o una escena acaban es una buena oportunidad para repasar si entiendes la trama de la obra. Pregúntate: ¿Cuántos personajes hay? ¿Cómo se llaman? ¿Cómo han evolucionado en el transcurso de cada acto o escena?
- **Identificar la ironía dramática** A veces los espectadores saben más sobre los personajes que ellos mismos. Es lo que se llama ironía dramática y sirve para crear tensión en el público. Hay ironía dramática si un príncipe habla amablemente con el rey, pero el público sabe que secretamente está tramando asesinarlo.

◆ **Leer poesía**

➜ **Concepto clave**
Un poema es una combinación de imágenes y detalles que crean una impresión total.

- **Identifica y entiende quién habla**
- **Sigue la puntuación**
- **Examina las imágenes literarias**
- **Parafrasea el poema**

30.4 *Leer de varias fuentes*

Puedes encontrar todo tipo de información en una variedad de fuentes, como libros, revistas, páginas web, periódicos, cartas, discursos y en muchos otros formatos. Si te familiarizas con las diferentes fuentes de información, podrás investigar y aprender diferentes temas.

- **Lee diarios personales y cartas**
- **Lee periódicos**
- **Lee transcripciones de discursos y entrevistas**
- **Lee formularios y solicitudes**
- **Lee textos electrónicos**

◆ **Reflexiona sobre lo que leíste**
Luego de haber practicado varias destrezas de lectura durante aproximadamente una semana, escribe un párrafo sobre tu experiencia.

CAPÍTULO 31

Estudio, consultas y pruebas

Estudiar, investigar, hacer pruebas, todas éstas son importantes destrezas que desarrollas en la escuela. La mayoría de estas destrezas también te van a ser útiles más adelante en tu trabajo o en tu vida personal. En este capítulo vas a aprender a aprovechar tu tiempo de estudio, a ampliar tus destrezas para buscar información y también recibirás valiosas sugerencias para mejorar tus calificaciones en las pruebas.

31.1 Destrezas básicas de estudio

Para estudiar bien necesitas tiempo, organización y práctica. Necesitas estudiar en un lugar adecuado, llevar un registro de tus proyectos y tener un cuaderno para tomar notas de una manera organizada.

◆ Desarrollar un plan de estudio

Establece un lugar y un horario para estudiar. Planifica un horario que se ajuste a tus necesidades. Varía el tiempo que dedicas a cada materia, de acuerdo a las pruebas y a los proyectos a corto y largo plazo que tengas. Dedica tiempo adicional a esas materias que te resulten más difíciles.

◆ Crea un cuaderno de tareas

Usa tu cuaderno de tareas para anotar tus tareas, tus proyectos a largo plazo y las fechas en que debes completarlos.

◆ Tomar notas

Usa un formato de reseña modificada para tomar notas mientras escuchas o lees. Una de las mejores maneras de tomar notas rápidamente es usar una reseña modificada, en la cual escribes junto al margen una lista de las ideas principales. Luego, deja un espacio después del margen y anota los detalles de apoyo más importantes.

→ Concepto clave

Escribe reseñas de capítulos y de lo que dicen en clase para repasar lo que has aprendido.

31.2 *Destrezas para consultar información*

Vives en lo que se ha dado en llamar la era de la información. Para acceder a la enorme cantidad de información que hay disponible, necesitas desarrollar tus destrezas de referencia.

◆ Descripción general de una biblioteca

La mayoría de las bibliotecas escolares y públicas tienen al menos algunos de estos recursos: libros de ficción y de no ficción, audiocasetes y videocasetes, publicaciones periódicas (diarios y revistas), microfilmes, archivos verticales para folletos, mapas y otros impresos pequeños, libros de referencia impresos y electrónicos, y computadoras para consultar Internet.

→ Concepto clave

Usa el catálogo de la biblioteca para averiguar qué recursos tiene. Una catalogo de biblioteca contiene:

- **Catálogo de tarjetas**
- **Catálogo electrónico**

Encontrar libros en los estantes Las bibliotecas clasifican a los libros en dos grandes categorías: ficción (obras imaginativos) y no ficción (obras con base en hechos). La categoría de no ficción incluye otras subcategorías como biografías o libros de referencia, que frecuentemente la biblioteca guarda en secciones separadas.

→ Concepto clave

Los libros de ficción y los de no ficción se encuentran en los estantes de diferentes secciones y cada categoría está organizada de manera diferente.

◆ Usar publicaciones periódicas, índices de periódicos y archivos verticales

Las publicaciones periódicas son aquéllas que se publican a determinados intervalos, como los periódicos (todos los días) y las revistas (semanalmente, cada mes, etc.) Para hallar artículos publicados en periódicos o revistas tienes que consultar el índice de periódicos. Puedes hallar esta información en folletos que se guardan en los archivos verticales.

→ Concepto clave

Usa los periódicos para buscar información sobre temas del momento, usa los índices de periódicos para hallar artículos específicos y usa los archivos verticales para hallar impresos de pequeño tamaño. Los archivos verticales están organizados por orden alfabético.

◆ Usar diccionarios

Un diccionario te dice el significado de una palabra, su pronunciación, cómo se usa en oraciones y, a veces, su historia. Los diccionarios contienen una gran cantidad de información sobre las palabras.

◆ Usar otras obras de referencia

La mayoría de los trabajos de referencia, ya sea impresos o electrónicos, tienen su propia sección en las bibliotecas. Consulta las enciclopedias para tener una visión general sobre una variedad de temas.

- **Enciclopedias**
- **Anuarios**
- **Atlas**
- **Diccionarios de sinónimos**

◆ Usar Internet

→ Concepto clave

Puedes usar la Internet para buscar toda clase de información, pero recuerda que siempre debes verificar esta información.

31.3 Destrezas para tomar exámenes

◆ Responder a preguntas objetivas

Conoce los diferentes tipos de preguntas que te pueden hacer en los exámenes y las destrezas para responderlas. Hay muchos tipos de preguntas:

- **Preguntas de opción múltiple**
- **Preguntas de cierto o falso**
- **Hallar relaciones en analogías**

◆ Responder preguntas por escrito

En algunas preguntas tienes que escribir una respuesta en vez de simplemente elegir la respuesta correcta. Identifica este tipo de preguntas antes de empezar la prueba. Reserva suficiente tiempo para contestarlas completamente.

→ Concepto clave

Reserva suficiente tiempo y espacio para responder completamente a este tipo de preguntas. Sigue estas estrategias cuando tengas que escribir una respuesta:

- **Identifica palabras clave**
- **Verifica el espacio**
- **Contesta sólo la pregunta**

◆ Tipos de pruebas estandarizadas

Además de las pruebas de las materias que estudias, también vas a hacer otras pruebas estandarizadas, que toman todos los estudiantes de los Estados Unidos. Las siguientes son algunas descripciones de estas pruebas.

PSAT Esta prueba o examen se toma antes que la prueba SAT. Todos los estudiantes del país hacen esta prueba. El PSAT te dará la oportunidad de practicar para el SAT. Ambos exámenes tienen casi el mismo formato, con la excepción de que el PSAT tiene menos secciones y que tiene secciones que examinarán tu conocimiento de uso y puntuación del lenguaje, que el SAT no tiene.

SAT Muchas universidades usan los resultados de esta prueba como un factor importante para aceptar estudiantes. Se da en todo el país, una vez al mes, de octubre a junio, con excepción de febrero. Si no estás satisfecho con tus notas en el SAT, puedes hacer la prueba de nuevo. Sin embargo, las universidades reciben todas las notas que sacaste en esta prueba, desde las más antiguas hasta las más recientes. El SAT tiene una sección de matemáticas y una sección verbal. La parte verbal tiene las siguientes secciones:

1. **Completar oraciones** Estas preguntas prueban tu conocimiento del idioma al pedirte que completes una oración o pasaje con la palabra apropiada.
2. **Preguntas sobre analogías** En estas preguntas tienes que hallar pares de palabras que expresan una relación similar.
3. **Preguntas de lectura crítica** Éstas son preguntas de opción múltiple, relacionadas con un par de pasajes que debes leer antes de contestarlas.
4. **Secciones de escritura** En estas secciones deberás escribir sobre algún tema.

ACT Ésta es otra prueba que usan las universidades como un factor para aceptar estudiantes. Todas las preguntas son de opción múltiple y son sobre inglés, matemáticas, lectura, ciencias y razonamiento crítico. La parte de inglés te pide que identifiques errores gramaticales, de uso, de puntuación, lógica y organización. La parte de lectura te da cuatro pasajes sobre diferentes temas, seguidos de preguntas que prueban tus destrezas de lectura y de razonamiento.

◆ Reflexiona sobre tus destrezas de estudio, consultas y pruebas

Las siguientes preguntas te ayudarán a determinar lo que has aprendido sobre tus destrezas de estudio, consultas y pruebas:

- ¿Cuál de las destrezas te parecieron nuevas o poco comunes? ¿Cómo te puede ayudar a mejorar tu nivel académico el uso estas destrezas?
- ¿Qué destrezas usas actualmente? ¿Por qué te sientes más cómodo con estas destrezas o por qué te parecen útiles?

CAPÍTULO 32

El trabajo

Muchas de las destrezas que contribuyen a que tengas éxito en la escuela, también te servirán para tener exito en tu trabajo. Ya sea cuando tengas que tratar con el público, investigar y desarrollar nuevos productos o trabajar en algún oficio, tus destrezas para hablar, escribir, leer, escuchar y tratar con gente de una manera efectiva tendrán gran importancia para que tengas una carrera productiva. Este capítulo te ayudará a desarrollar nuevas destrezas o a mejorar las que ya tienes en áreas importantes, como comunicarse con otras personas, establecer y alcanzar metas y resolver problemas.

◆ Trabajar con gente

En la escuela, aprendes a trabajar con tus compañeros y maestros. En tu trabajo, deberás relacionarte con tus supervisores, compañeros de trabajo y clientes de una manera profesional y efectiva.

Entrevistas

Cuando solicitas a una universidad que te acepte como estudiante, cuando compites con otras personas por un trabajo o pides ser parte de un club de la escuela, saber qué hacer durante una entrevista aumentará la probabilidad de que te acepten. Sigue estas sugerencias:

Antes de la entrevista

1. Averigua cuándo y dónde se realizará la entrevista y el nombre de la persona que te entrevistará.
2. Lleva referencias y una copia de tu *curriculum*.
3. Infórmate sobre la compañía, grupo, universidad o persona con la que tienes la entrevista.
4. Lleva ropa limpia y adecuada para la entrevista.

Durante la entrevista

1. Sonríe y mira a la persona que te entrevista.
2. Responde y pregunta de manera cortés y breve.
3. Da las gracias a la persona que te entrevistó y pregúntale cuándo van a tomar una decisión.

Después de la entrevista

1. Escribe una carta en la que repites tu interés en el trabajo, grupo o universidad y agradece la atención que te dieron.

2. Cuando se acerque la fecha en que deben tomar la decisión, llama por teléfono para averiguar si tienen noticias para ti.

Tratar con gente efectivamente

Ya sea en la escuela o en el trabajo, la comunicación requiere que trates con personas que tienen personalidades, métodos de trabajo, necesidades y opiniones diferentes de los tuyos.

→ Concepto clave

Una comunicación efectiva requiere que seas respetuoso y considerado con otras personas.

Aprender a trabajar en equipo

Para que un proyecto de equipo tenga éxito, todas las personas del equipo deben trabajar juntas para alcanzar un objetivo común. Si bien las personalidades y opiniones de los miembros del equipo pueden variar, los esfuerzos de todos los miembros deben estar dirigidos hacia la meta común.

Participar en discusiones de grupo Las discusiones de grupo brindan la oportunidad de que cada persona tenga acceso, y considere, varias ideas. Por ejemplo, cuando una compañía comienza un proyecto importante, con frecuencia pide a empleados de diferentes secciones que cooperen con su experiencia y conocimientos en la etapa de planeamiento. Por esta razón es importante que todos los miembros del equipo participen en estas discusiones.

→ Concepto clave

Una participación efectiva sólo se logra si todos los miembros del equipo contribuyen con sus ideas y permiten que otros hagan lo mismo.

Responsabilidades y tareas Las discusiones de grupo pueden mejorarse si las responsabilidades se comparten sistemáticamente. Si un grupo se reúne regularmente, los miembros del grupo deben turnarse para cumplir con estas responsabilidades y tareas.

→ Concepto clave

Los miembros de un equipo asumen funciones distintas, pero igualmente importantes, para alcanzar el fin común. Éstas son algunas de esas funciones y responsabilidades:

- **Mediador**
- **Encargado de minutas**
- **Participantes**

Consejos para una participación efectiva Ya sea que formes parte de un equipo que se reúne regularmente o que participes en una sola reunión, considera estas sugerencias:

- Lleva ideas o documentos importantes a la discusión.
- Usa un temario, o sea una lista de temas a ser considerados.
- Comparte tu punto de vista y anima a que otros hagan lo mismo.
- Concéntrate en el tema a tratar.
- Sigue todas las decisiones o planes que adoptó el grupo.

◆ Alcanzar metas

Las metas, es decir los fines alcanzables y evidentes que te fijas, pueden llevarte mucho o poco tiempo para lograr. También pueden ser muy diferentes, desde mejorar tus calificaciones hasta llegar a ser presidente de tu clase o conseguir un trabajo en una tienda de tu comunidad. A medida que te fijas metas para distintas partes de tu vida, es posible que algunas de ellas sean incompatibles. Tú debes decidir cuál de las metas es más importante para ti.

Metas personales y profesionales
Las metas personales son las que afectan tu estilo de vida y tu desarrollo como persona. Por ejemplo, puedes decidir saber más sobre tu pasatiempo favorito o ser más considerado con las personas. Las metas profesionales son las que afectan tu oficio o profesión. Por ejemplo, tal vez decidas estudiar para ser programador de computadoras o terminar un proyecto importante sin sobrepasar tu presupuesto.

Si bien las metas personales y las profesionales son diferentes, con frecuencia se afectan entre sí. Por consiguiente, tú debes identificar las que tienen más importancia para ti.

Establecer y alcanzar metas Para establecerte una meta, define claramente cuál será el resultado de alcanzarla. Esto te permitirá saber exactamente hacia qué fin estás trabajando. El siguiente paso, igualmente importante, es esforzarte para alcanzarla.

◆ Administrar tiempo

Cualquiera que sea la profesión que elijas, sin dudas vas a encontrarte con tareas que deberás completar dentro de un cierto tiempo. Saber cómo administrar tu tiempo efectivamente, puede ser la diferencia entre poder completar las tareas o no.

◆ Administrar dinero

Para mantener tus gastos bajo control, puedes hacer un presupuesto o plan de gastos. Desde el ejecutivo a cargo de finanzas de un banco importante hasta el administrador de una pequeña oficina, muchos empleados deben registrar los gastos realizados y mantenerse dentro de un presupuesto.

◆ Usar las destrezas matemáticas

Cuando comiences a usar las destrezas matemáticas que aprendiste en clase, descubrirás que las matemáticas tienen muchas aplicaciones prácticas y que ellas, junto con un conocimiento de computadoras, serán una ventaja en cualquier profesión que sigas.

◆ Usar las computadoras

Cuanto más sepas sobre tu computadora, más útil te será. Debes comenzar practicando en el teclado, para escribir rápidamente y sin errores. Luego, aprende los elementos de formato. Tal vez hasta quieras aprender algunos programas más complicados como hojas de cálculo o aplicaciones gráficas.

◆ Reflexiona sobre tus destrezas para el trabajo

Piensa en tu preparación para trabajar. Empieza respondiendo estas preguntas:

- ¿Qué destrezas me gustaría mejorar y por qué?
- ¿Cuáles son mis mejores habilidades y por qué?
- ¿Qué ejercicios han sido los más útiles?